GÜNTER RÖSCHERT

EIN BLICK

IN DIE GESCHICHTE DER

ANTHROPOSOPHISCHEN GESELLSCHAFT

NOVALIS

Bibliographische Angaben der Deutschen
Nationalbibliothek: Die Deutsche Nationalbibliothek
verzeichnet diese Publikation in der Deutschen
Nationalbibliografie; detaillierte bibliographische
Daten sind im Internet über http://dnb.ddb.de abrufbar

REIHE GEISTESWISSENSCHAFT

© 2019 Novalis Verlag
D-24972 Steinbergkirche - Neukirchen
Einbandgestaltung: Novalis Media
Alle Rechte vorbehalten
Internet: www.novalisverlag.de
E-Mail: info@novalisverlag.de
Fax 04632-875 488

ISBN 978-3-941664-64-7

Inhalt

Vorwort ... 6

I. Vorgeschichte und Entstehung der
Anthroposophischen Gesellschaft ... 8

II. Die Weihnachtstagung zur Begründung der
Allgemeinen Anthrosposophischen Gesellschaft
1923/24 ... 21

III. Nach der Weihnachtstagung
Der Tod Rudolf Steiners
Die Anthroposophische Gesellschaft bis 1935 ... 34

IV. Der Nachlasskonflikt ... 52

V. Die Konstitutionskrise ... 68

VI. Zusammenfassung und Ausblick ... 82

Literaturhinweise ... 95

Anhang: Von dem Erquicklichen des Gesprächs ... 96

Vorwort

Erneut befindet sich die Anthroposophische Gesellschaft in einer kritischen Situation ihrer Entwicklung. Nach den Krisen der Vergangenheit tritt nun ganz allgemein die Frage auf, in welcher Richtung sich die Gesellschaft zu entwickeln habe. Sind grundlegende Innovationen nötig oder bedarf die Gesellschaft einer entschiedenen Wiederbelebung ihrer Werte?

An den allenthalben in der Gesellschaft geführten Gesprächen fällt auf, dass ein anscheinend nicht geringer Teil ihrer Mitglieder und Freunde sich der prägenden Ereignisse der Gesellschaftsgeschichte nicht mehr bewusst ist, ja, dass die Anfänge der Gesellschaft und ihre leitenden Überzeugungen oftmals beinahe vergessen wurden.

Tatsache ist, dass eine ausführliche, auf Dokumenten gestützte Geschichte der Anthroposophischen Gesellschaft bisher nicht zustande kam.

Um den Informationslücken für laufende Gespräche abzuhelfen, wird nachfolgend die Skizze einer Gesellschaftsgeschichte zur vorläufigen Orientierung vorgelegt. Keine noch so bescheidene Geschichtsschreibung kommt ohne Auswahl und Bewertungen aus, weshalb einzelne Zeitabschnitte hervorgehoben werden müssen.

Die Darstellung kann nur ein Versuch sein; sie kommt ohne besonderes Fundstellen-Management aus und muss auch auf Erwägungen über die Wege des Zusammenlebens in den vielen Zweigen und Gruppen in den verschiedenen Ländern verzichten, ebenso wie über die Bedeutung der Gründungen, zum Beispiel auf pädagogischem, medizinischem, pharmakologischem oder landwirtschaftlichem Gebiet.

Die Sichtung des Gesellschaftsgeschehens könnte den Entwurf einer symptomatologischen Geschichtsschreibung, die Anthroposophische Gesellschaft betreffend, ergeben.

Der Inhalt der folgenden Seiten wurde zuerst mündlich vorgetragen, an fünf Abenden in München im Oktober/November 2018. Zustimmung aus dem Hörerkreis veranlasste mich, eine schriftliche Darstellung zu versuchen. Vorausblicke und wiederholende Rückblicke während der Vorträge wurden beibehalten.

Die Darstellung der Gesellschaftsgeschichte in fünf Kapiteln wird bei manchem Leser zur der Frage führen: Was ergibt sich aus dieser Ereignisfolge als Konsequenz? Darauf antwortet in aller Kürze das abschließende Kapitel 'Zusammenfassung und Ausblick'. Diesem folgt noch der Wiederabdruck eines vor zehn Jahren veröffentlichten Aufsatzes über das Gespräch als Gemeinschaftsschöpfung.

München, im Januar 2019

I.
Vorgeschichte und Entstehung der Anthroposophischen Gesellschaft

1.

Wenige Jahre vor dem Jahrhundertende 1900 und nach dem Abschluss seiner Goethe-Arbeiten in Weimar 1897 wandte sich Rudolf Steiner – in seinem sechsunddreißigsten Lebensjahr – nach Berlin, um dort nach neuen Wirkensmöglichkeiten zu suchen. Durch die jahrelange Arbeit an Goethes naturwissenschaftlichen Schriften hatte er sich eine phänomenorientierte Denkweise erarbeitet, die sich in dem Satz zusammenfassen lässt:

> „Indem sich das Denken der Idee bemächtigt, verschmilzt es mit dem Urgrunde des Weltendaseins; das, was außen wirkt, tritt in den Geist des Menschen ein; er wird mit der objektiven Wirklichkeit auf der höchsten Potenz eins."[1]

1894 hatte Steiner sein Buch *Die Philosophie der Freiheit* herausgebracht.[2] Nun fragte er sich:

> „Wie kann ein Weg gefunden werden, um das innerlich als wahr Geschaute in Ausdrucksformen zu bringen, die von dem Zeitalter verstanden werden können?"[3]

Fünfundzwanzig Jahre später schrieb Steiner, die Frage sei damals für ihn „Erlebnis geworden: Muss man verstummen?"[4]

Kurz nach der Jahrhundertwende – 1901 – wurde Steiner mit dem Berliner Zweig der von H. P. Blavatsky 1875 gegründeten 'Theosophischen Gesellschaft' bekannt und es begann eine Zusammenarbeit mit zunächst zwei längeren Vortragsreihen über die Mystik des Mittelalters und über das Christentum 'als mystische Tatsache'.[5] 1902 wurde Steiner gebeten, sich als Generalsekretär der im Entstehen begriffenen deutschen Sektion der Theosophischen Gesellschaft zur Verfügung zu stellen. Steiner, der auf diese Weise eine vorläufig kleine Zuhörerschaft gefunden hatte, stimmte zu unter der Voraussetzung, dass Marie von Sivers, eine baltische Adelige, seine spätere zweite Ehefrau, ihm als Mitarbeiterin zur Seite stehen würde. Diese gesellschaftliche Zusammenarbeit war dann so erfolgreich, dass Steiner über zwanzig Jahre später sagen konnte: „Frau Doktor organisierte die ganze Anthroposophische Gesellschaft."[6]

Nach Gründung der Sektion durch die damalige Präsidentin der Theosophischen Gesellschaft (Adyar), Anny Besant, entfaltete Steiner eine rastlose schriftliche und Vortragstätigkeit, sodass die vorher sehr bescheidene Mitgliederzahl kontinuierlich anstieg und neue Zweige entstanden. Diese ersten Jahre seines Wirkens in der Theosophischen Gesellschaft beschrieb Steiner später so: Er habe 'Anthroposophie' innerhalb der Theosophischen Gesellschaft entfalten können.[7] Im Kapitel XXXI von *Mein Lebensgang* heißt es dann:

> „Im gemeinsam gepflegten geistigen Leben konnte allein der Mittelpunkt liegen, von dem aus Anthroposophie zunächst im Rahmen der Theosophischen Gesellschaft in die Welt getragen wurde. [Es] bildete sich im Rahmen der Theosophischen Gesellschaft dasjenige heraus, was später 'Anthroposophische Gesellschaft' wurde."

Rückblickend bemerkt Steiner: 'Die anthroposophische Bewegung' sei mit Beginn des Jahrhunderts begründet worden.[8] In die Zeit der Einhausung der 'anthroposophischen Bewegung' in der Theosophischen Gesellschaft fällt die Begegnung Rudolf Steiners mit dem Geiste des Christentums[9], worauf Steiner allerdings erst 1925 in lapidarer Kürze aufmerksam machte.

2.

Nach einer etwa zehnjährigen, nicht immer ungetrübten Zusammenarbeit innerhalb dieses besonderen Beherbergungszustandes kam es zur Distanzierung der deutschen Sektion von einer 'theosophischen' Kampagne für einen jungen Inder (Krishnamurti) und schließlich zum Ausschluss Steiners und seiner Anhänger, nachdem der größere Teil der deutschen Mitglieder 1912/13 in Deutschland die 'Anthroposophische Gesellschaft' gegründet hatte. Steiner wurde selbst nicht Mitglied, vielmehr sollte er verabredungsgemäß künftig allein als Geisteslehrer wirken. Damit veränderte sich sein Status gegenüber der ihn tragenden Gesellschaft entscheidend; er war nicht mehr Generalsekretär. Für die neue Gesellschaft wurde ein Verwaltungsvorstand gebildet, dem u. a. Marie von Sivers angehörte.

In einem Vortrag vom 11.6.1923 innerhalb der bereits erwähnten Vortragsreihe berichtet Steiner, wie es zum Namen 'Anthroposophische Gesellschaft' gekommen war. Der Name 'Anthroposophie' sei von dem Wiener Philosophen Robert Zimmermann übernommen worden. Steiner hatte Professor Zimmermann während seines eigenen Studiums kennengelernt. Zimmermann hatte der Formel 'Anthroposophie' eine bestimmte philosophische Bedeutung gegeben, die mit Steiners späteren Absichten nicht übereinstimmte. Die rein pragmatische Übernahme dieser Namensformel für die Gesellschaftsgründung 1913 bedeutete nach außen hin eine demonstrative Distanzierung von der traditionellen 'Theosophie' als Gottesweisheit. Darüber dürfte sich Steiner im Klaren gewesen sein. Namensgebungen besitzen ihre eigene Logik, nicht unbedingt die vorgestellte.

Der Verzicht auf die Bezeichnung 'Theosophie' ist nicht nur eine äußerliche Veränderung. Die in Steiners Buch *Die Mystik im Aufgange des neuzeitlichen Geisteslebens* von 1901 vorgestellten Mystiker können alle als Theosophen gelten, ebenso wie die bedeutendsten Vertreter des deutschen Idealismus. Auch auf die Kirchenväterzeit lässt sich die Bezeichnung 'Theosophie' rückbeziehen, nämlich auf die Vereinigung von Philosophie und Religion als Geisterfahrung. Das Mystik-Buch enthält eine 24 Seiten lange Einführung bester theosophischer Art; sie gipfelt in einem eindrucksvollen Bekenntnis zur neuplatonischen Philosophie. Am Schluss des Buches ist jedoch ein begeisterter Hinweis auf die Naturwissenschaft des 19. Jahrhunderts, besonders auf den Darwinismus, zu finden. Diese Spannung kennzeichnet den Beginn von Steiners Lehrtätigkeit in der Theosophischen Gesellschaft. Eine Kontinuität der Arbeitsweise Steiners auch über die Zugehörigkeit zur Theosophischen Gesellschaft hinaus wird bestätigt durch den Satz: „Die Aufgabe einer Geisterkenntnis ist [...], in Besonnenheit durch den Erkenntniswillen Ideen-Erleben an die geistige Welt heranzubringen."[10]

Schon ab 1913 scheint Rudolf Steiner den Wunsch geäußert oder die 'Anweisung' gegeben zu haben, die Bezeichnung 'Theosophie' oder 'theosophisch' in den bereits vorliegenden Vortragsnachschriften vor dem Druck in 'Anthroposophie' oder 'anthroposophisch' oder 'geisteswissenschaftlich' zu ändern. Marie Steiner hat anlässlich der Herausgabe eines Einzelvortrages von 1944 die Namensänderung bestätigt, mit der Bemerkung: „Die wahre Anthroposophie führt zur wahren Theosophie und umgekehrt."[11] Auf den editorisch nicht unbedenklichen Eingriff wird anscheinend in neueren Bänden der Gesamtausgabe aus Gründen der Texttreue verzichtet.[12] Die vermeintlichen Formfragen gehören zur Geschichte der Anthroposophischen Gesellschaft bis weit in das 20. Jahrhundert hinein.

Noch während der Zeit der Zusammenarbeit in der Theosophischen Gesellschaft versuchte Rudolf Steiner 1911 die

Gründung einer 'Gesellschaft für theosophische Art und Kunst'. Dieses rätselhafte Gebilde gelangte allerdings nicht zur Verwirklichung. Beabsichtigt war eine durch eigene Entschlüsse getragene Gemeinschaft von wenigen Mitgliedern, deren 'Ämter' durch Steiner 'interpretiert' werden sollten. Das hier durchscheinende Motiv geistiger Eigenverantwortung auch gegenüber dem Geisteslehrer, ja des Setzens einer gesellschaftlichen Aufgabe, lebte viele Jahre später, nach der Gründungstagung 1923/24, wieder auf.

3.
Die Anthroposophische Gesellschaft entstand am 28.12.1912. Bereits 1911 war der Johannesbau-Verein gegründet worden, dem ab 1924 noch eine besondere Bedeutung zuwachsen sollte. Die Gesellschaft umfasste zunächst etwa 3000 Mitglieder, nicht nur in Deutschland, sondern auch in einigen Nachbarländern.

Die von Rudolf Steiner vertretene geistesgeschichtliche Perspektive erfordert, auch nach der geistigen Herkunft der Mitglieder zu fragen. Im Sommer 1923, in der Gesellschaftskrise nach dem Brand des (ersten) Goetheanum in der Neujahrsnacht 1923, hielt Steiner in Dornach acht Vorträge, die unter der Bezeichnung 'Die Geschichte und die Bedingungen der anthroposophischen Bewegung im Verhältnis zur Anthroposophischen Gesellschaft' veröffentlicht wurden, erstmals 1931, in dritter Auflage 1981.[13] Diese Vorträge wird besonders zu beachten haben, wer sich über die Geschichte der Anthroposophischen Gesellschaft zu orientieren wünscht.

Steiner bezeichnet die Menschen, die der Gesellschaft nach und nach beigetreten sind, als 'heimatlose Seelen'. Dies weist darauf hin, dass die Gesellschaftsgeschichte eine geistige Vorgeschichte besitzt, insofern Teile der Mitgliedschaft gemeinsame vorgeburtliche Erlebnisse haben. Die Entstehung einer öffentlichen geisteswissenschaftlichen Gesellschaft in der Geschichte des 20. Jahrhunderts musste auf diese Menschen wie eine noch nicht dagewesene Erfahrungs- und Prüfungsmöglichkeit wirken.

Würden sich die mit der Gesellschaftsgründung unvermeidlich auftauchenden geistigen und sozialen Probleme bewältigen lassen?

Steiner beschreibt in der Folge der Juni-Vorträge von 1923 Erfahrungen aus zwanzig Jahren (seit 1902) bzw. aus zehn Jahren (seit 1913). Aufgrund dieser Erfahrungen erwähnt er eine Anzahl von Lebensbedingunen des gesellschaftlichen Zusammenlebens. Solche *Lebensbedingungen* sind unter anderem:[14]

- Selbstbesinnung jedes Mitglieds: Was suche ich? Wo liegt mein inneres Zentrum?

- Sorgfalt der Urteilsbildung;

- keine Verpflichtung auf Glaubenssätze; die Gesellschaft hat keine Meinung;

- Verzicht auf Missionieren;

- Verzicht auf Cliquenbildung; gerade diese hat allzuoft stattgefunden;

- Ausbildung eines 'feinen Gefühls für Wahrheit und Tatsächlichkeit, die zentrale Lebensbedingung';

- und als Ergebnis: Warnung vor dem Sektierertum.

Für diese und weitere Lebensbedingungen der Anthroposophischen Gesellschaft erstattete Rudolf Steiner damals – 1923 – Mängel oder Fehlanzeige. Schlimmer noch: Im Vergleich zu der noch bestehenden Theosophischen Gesellschaft besäße die Anthroposophische Gesellschaft kein 'Ich'; sie habe in all den Jahren seit ihrer Gründung keine Realität erlangt.[15] Da kein Mitglied und noch weniger Steiner selbst die eigentlich überwundenen Gemeinschaftsformen der Theosophischen Gesellschaft – nämlich die unverbrüchliche Orientierung an bestimmten Führungspersönlichkeiten – also das 'theosophische Ich' – zurückwünschen oder nachahmen wollte, stellte sich jedenfalls für die Zeit nach Kriegsende 1918 die Frage: Welches Ich hätte die Anthroposophische Gesellschaft ausbilden können oder sollen und auf welchem Wege? Steiner wies darauf hin, dass die Gesellschaft schon einundzwanzig Jahre bestehe, und deutet damit an, in dieser Zeit hätte ein Ich-Impuls entstehen können.[16] Dies war – nach Steiners Wortwahl – allerdings nur eine Möglichkeit gewesen.

Hierzu im Vorausgriff: Das spätere Vorstandsmitglied Günther Wachsmuth deutete in seinem Buch: *Rudolf Steiners Erdenleben und Wirken* von 1964 an, die Anthroposophische Gesellschaft habe als 'Geistorganismus' 1923 Mündigkeit erlangt, weshalb gerade in diesem Jahr die 'Weihnachtstagung' habe stattfinden können.[17] Der Widerstreit dieser beiden Bewertungen desselben Sachverhalts beherrscht – hinter den gesellschaftlichen Tagesereignissen – die Geschichte der Anthroposophischen Gesellschaft während des ganzen zwanzigsten Jahrhunderts.

Die Frage nach der Ich-Bildung der Anthroposophischen Gesellschaft ist verbunden mit der Autoritätsfrage. Schon 1915 hat sich Rudolf Steiner im programmatischer Form vom Autoritätsprinzip distanziert:

> „Niemals sollte die Phrase auftreten, dass Wahrheiten nur aufgenommen werden, weil ich sie sage."[18]

Wie gerade erwähnt, wirkte das Ich-Prinzip in der Theosophischen Gesellschaft in der Form der Orientierung an signifikanten Autoritätspersonen. Vorausblickend gibt es Anlass zu der Befürchtung, dass im weiteren Verlauf der Geschichte der

1. Vorgeschichte und Entstehung der Anthroposophischen Gesellschaft

Anthroposophischen Gesellschaft ein Pseudo-Ich sich bildete in der Form einer überwältigenden Hinneigung zu Rudolf Steiner als dem neuen ersten Vorsitzenden und Hierophanten. Andererseits hatte Steiner selbst Veranlassung, von einer 'inneren Opposition' gegen ihn zu sprechen. Das gesellschaftliche Zusammentreffen einer allgemein verbreiteten Autoritätsneigung mit einer inneren Oppositionsströmung beeinflusste die Gesellschaftsarbeit weit in das zwanzigste Jahrhundert hinein.

4.
Um die Situation der Anthroposophischen Gesellschaft am Vorabend der Neugründung zu Weihnachten 1923/24 zu verdeutlichen, seien folgende Tatbestände nachgetragen:

Nach dem Tod von Steiners erster Ehefrau, Anna Eunike Steiner, von der er schon einige Jahre getrennt gelebt hatte, heirateten Steiner und Marie von Sivers 1914. Schon vorher und nochmals nach der Eheschließung errichtete Steiner Testamente, in welchen er Marie Steiner als Alleinerbin einsetzte. In einem privaten Schriftstück von 1907 finden sich dazu folgende Sätze:

„Was sie (M.v. S.) tut, soll in meinem Namen getan sein ... Unsere Einigung bleibt unlöslich."[19]

Diese Äußerung – und weitere formgerechte Verfügungen – Steiners hatten, wie sich später zeigte, entscheidende Bedeutung für den Kurs der Anthroposophischen Gesellschaft bis in die sechziger Jahre des 20. Jahrhunderts. Das Engagement für die Anthroposophische Gesellschaft konnte Marie Steiner allerdings nach dem Tode ihres Mannes nurmehr unter wachsenden Schwierigkeiten weiterführen.

1909, als die theosophische (anthroposophische) Arbeit ein erstes Jahrsiebt erreicht hatte, hielt Steiner in Stuttgart vor der dortigen Mitgliedschaft einen (Einzel-) Vortrag zum Thema 'Über das rechte Verhältnis zur Theosophie'.[20] Dieser sorgfältig strukturierte, anscheinend auch zuverlässig überlieferte Vortrag ist fundamental für die Frage nach dem Verhältnis des geistigen Lehrers zur Mitgliedschaft. Der 'hellsichtige' Geistesforscher ist dem begrifflich arbeitenden Geistsucher keineswegs übergeordnet:

> „(W)er nicht denken will auf der Erde, der entzieht den Göttern das, worauf sie gerechnet haben, und kann also das, was eigentlich Menschenaufgabe und Menschenbestimmung ist auf der Erde, gar nicht erreichen. Die Begriffe der Menschen sind die Samenkörner für das Leben nach dem Tode."

Die Vortragsnachschrift vom 13.11.1909 ist anscheinend erst 1966 veröffentlicht worden, worin eine Tragik für das Mitgliederbewusstsein liegen kann. Der Vortrag von 1909 wäre inhaltlich und formal in der allgemeinen anthroposophischen Sektion der Freien Hochschule zu beheimaten gewesen.

Von Anfang an ließ Steiner erkennen, dass es ihm nicht allein um Erarbeitung des Wissens von den höheren Welten und um die tragfähige Darstellung der wiederholten Erdenleben (Reinkarnation) ging, sondern auch um praktische Möglichkeiten und Konsequenzen der Forschungsresultate, z. B. in der Pädagogik, in der Medizin und in der Landwirtschaft. Gegen Ende der Kriegsjahre 1917/1918 versuchte Steiner, öffentlich auf die Dreigliederung der sozialen Verhältnisse nach Geistesleben, Rechtsleben, Wirtschaftsleben hinzuwirken. Es wurde die erste Waldorfschule und es wurden mehrere wirtschaftliche Unternehmen gegründet. Die Dreigliederungsbewegung misslang, nachdem sie einige Jahre hindurch die Kräfte der Anthroposophischen Gesellschaft stark in Anspruch genommen hatte. Auf verschiedenen Ebenen der Gesellschaftstätigkeit wurden Konsolidierungen nötig. Steiner sah sich stark belastet, obgleich er nicht Gesellschaftsmitglied war.

Während der ganzen Kriegszeit war am Bau des Goetheanum in Dornach gearbeitet worden. Steiner wies darauf hin, dass die Gegnerschaft gegen die Anthroposophie mit dem Bau erst richtig begonnen habe. In der Silvester-/Neujahrsnacht 1922/23 wurde der Bau durch Brandstiftung zerstört. Steiner musste darauf aufmerksam machen, dass das Goetheanum äußerlich und innerlich nicht genügend geschützt worden war.

Die Geschichte der Anthroposophischen Gesellschaft vor und nach der Erneuerungstagung Weihnachten 1923/24 ist durch die Errichtung und den Verlust des ersten Goetheanum und durch den späteren Neubau des zweiten Goetheanum stark geprägt. Der Erhaltungswille in der Mitgliedschaft ist beeindruckend gewesen. Allerdings erhielt die spätere Machtfülle des Kernvorstands einen äußeren Ausdruck in dem spröden Betonbau des zweiten Goetheanum.

Auf Bitte einer Anzahl von Theologen fand sich Rudolf Steiner bereit, zum Aufbau einer Bewegung für religiöse Erneuerung Hilfestellung zu leisten. Es entstand die Christengemeinschaft mit dem durch Steiner vermittelten Kultus.

5.
Die acht Vorträge aus dem Band 258 der Gesamtausgabe – oben bereits erwähnt – schildern die Lage der 1913 gegründeten Anthroposophischen Gesellschaft während des Jahres 1923. In diesem Jahr unternahm Rudolf Steiner gewaltige Anstrengungen zur Konsolidierung der Gesellschaftsverhältnisse. Er führte anstrengende Reisen durch, um in den Ländern Europas die Bildung anthroposophischer Landesge-

sellschaften zu unterstützen, und er reiste immer wieder nach Stuttgart, dem deutschen Zentrum der Gesellschaftsarbeit, um die Gesellschaftssituation zu sanieren.

Das ganze Jahr 1923, geprägt durch das wenige Monate zurückliegende verheerende Brandunglück in Dornach, versuchte er, durch endlose Sitzungen hindurch die Entschlussfähigkeit der deutschen Funktionäre zu stützen.

Lange Jahre hindurch waren dann nur verstreute Protokolle, Briefe und Nachschriften von Ansprachen im Umlauf, dann zwei von der fünfundsiebzigjährigen Marie Steiner 1942 herausgebrachte Broschüren mit den Titeln 'Aufbaugedanken' und 'Rudolf Steiner und die Zivilisationsaufgabe der Anthroposophischen Gesellschaft'. Schließlich, achtundsechzig Jahre nach 1923, brachte der Rudolf Steiner-Verlag den Band 259 der Gesamtausgabe heraus, mit dem Titel *Das Schicksalsjahr 1923 in der Geschichte der Anthroposophischen Gesellschaft. Vom Goetheanumbrand zur Weihnachtstagung.*

Der Herausgeberin Hella Wiesberger (†), die sich auch sonst unvergessliche Verdienste um das Werk Rudolf Steiners erworben hat, gelang mit dieser Edition eine großartige Leistung. Mit diesem Buch ist nunmehr eindeutig nachgewiesen, dass 1923 der Zerfall der Anthroposophischen Gesellschaft unmittelbar bevorstand. Einen negativen Höhepunkt bildete – neben der Diagnose aus Band 258, die Gesellschaft habe kein 'Ich' entwickelt – der verzweifelte Ausruf Steiners, die Gesellschaft sei überall 'ahrimanisch durchlöchert'. Dieser Ausbruch Steiners ist nicht etwa eine schmerzliche Randbemerkung, sondern ein präziser Hinweis, durch welchen Einfluss sich die Gesellschaftssituation erklären ließ.

Aus dem ganzen Band 259 geht hervor, dass Steiner schließlich nurmehr eine Radikal-Lösung, d. h. seinen persönlichen Einsatz als Vereinspräsident in Personalunion mit seiner Position als geistiger Lehrer für möglich hielt, andernfalls die Gesellschaft den Weg baldigen Zerfalls einschlagen werde. Dies bestätigt sich aus einer Bemerkung vom 23.12.1923 – unmittelbar vor Beginn der 'Weihnachtstagung': Falls seine personalen und organisatorischen Vorschläge nicht angenommen werden sollten, müsste eintreten, „dass ich mich von der Anthroposophischen Gesellschaft zurückziehen müsste."²¹

Die durch Hella Wiesbergers Edition möglich gewordene Dokumentation dieser Vorgänge ist nicht gemeint als Lektüre für einige historisch interessierte Einzelgänger, sondern als Hilfestellung für die aktuelle moralische Phantasie im 21. Jahrhundert.

Anmerkungen zu Kapitel I

1) Rudolf Steiner: *Einleitungen zu Goethes naturwissenschaftlichen Schriften*, GA 1, Kap.VI. „Goethes Erkenntnisart".
2) Rudolf Steiner: *Die Philosophie der Freiheit*, GA 4.
3) Rudolf Steiner: *Mein Lebensgang*, GA 28, Kap.XXIII.
4) Rudolf Steiner: *Mein Lebensgang*, GA 28, Kap.XXIV.
5) Rudolf Steiner: *Die Mystik im Aufgange des neuzeitlichen Geisteslebens...*, GA 7; *Das Christentum als mystische Tatsache...*, GA 8. Die Vortragsfassungen sind von der 'Mystik' gar nicht, vom 'Christentum' zwar erhalten, aber noch nicht gedruckt.
6) Rudolf Steiner: *Die Geschichte und die Bedingungen der anthroposophischen Bewegung im Verhältnis zur Anthroposophischen Gesellschaft*, GA 258, Vortrag vom 15.6.1923.
7) Rudolf Steiner: *Mein Lebensgang*, GA 28, Kap. XXXI.
8) Rudolf Steiner: *Mein Lebensgang*, GA 28, Kap.XXXII.
9) Rudolf Steiner: *Mein Lebensgang*, GA 28, Kap.XXVI.
10) Rudolf Steiner: *Mein Lebensgang*, GA 28 Kap. XXXII.
11) Rudolf Steiner: *Die Mission der neuen Geistesoffenbarung*, GA 127, Hinweise S.245.
12) Rudolf Steiner: *Mythen und Sagen. Okkulte Zeichen und Symbole*, GA 101, Hinweis S.279.

13) Anm. 6.
14) Anm.6 Im Fortgang der acht Vorträge werden etwa zwanzig 'Lebensbedingungen' benannt.
15) Anm.6 Seiten 42, 43, 184.
16) Anm.6 S.184.
17) S.513, 564 des Buches.
18) Rudolf Steiner: *Die okkulte Bewegung im 19.Jahrhundert*, GA 254, Vortrag vom 18.10.1915, S. 81 ff.
19) Marie Steiner: *Briefe und Dokumente,* Dornach 1981, S.115.
20) Enthalten in GA 117 *Die tieferen Geheimnisse des Menschenwerdens im Lichte der Evangelien.* Der Vortrag ist analysiert in Günter Röschert: *Anthroposophie als Aufklärung*, 2.Aufl. 2017 (Novalis-Vlg.), Kap.2.4.2.
21) GA 259 S.741.

II.
Die Weihnachtstagung zur Begründung der Allgemeinen Anthroposophischen Gesellschaft 1923/1924

1.

Jede menschliche Gemeinschaft ist aus Einzelmenschen gebildet. Die Gemeinschaft wirkt ihrerseits auf den Einzelnen zurück. In diesem Mit- und Gegeneinander bilden sich Wesensschichten aus, die im Schichtenaufbau des Weltganzen begründet sind. Davon weiß jeder Mensch in einer mehr oder weniger deutlichen Art.

Jedes Gemeinschaftsmitglied ist sich empfindungsgemäß darüber im Klaren, welche Lebensstimmung zum Beispiel in einem Kindergarten, in einem landwirtschaftlichen Betrieb, in einer Firma oder in einer Behörde obwaltet, was für die Gesamtheit charakteristisch ist und ob sich daraus möglicherweise dringender Änderungsbedarf ableiten lässt.

Im Januar 1923, drei Wochen nach dem verheerenden Brand des ersten Goetheanum, richtete Rudolf Steiner den Blick auf die aktuelle Lage der Anthroposophischen Gesellschaft:

„Die Anthroposophische Gesellschaft ist dazu da, um unseren Hegern und Pflegern aus alten Zeiten zurückzuzahlen, was sie an uns getan haben, und man würde gewahr werden die Realität des innerhalb der Anthroposophischen Gesellschaft waltenden Geistes."[1] Das Bewusstsein von einer solchen Aufgabe „würde die Anthroposophische Gesellschaft zu einer Realität machen".

Nach diesem mehrdeutigen Hinweis machte Steiner auf das Mitgliederverhalten aufmerksam: Notwendig sei die Orientierung am Tatsachenverlauf der Dinge, sei der reine Tatsachensinn, die Beachtung der Wahrheit der Tatsachen, auch ihre Schönheit und ihr menschliches Interesse. In Vorwegnahme dessen, was er einige Monate später den Mitgliedern zu sagen hatte, in den bereits erwähnten acht Juni-Vorträgen[2], führte er aus: Die Ausbildung eines Tatsachensinnes in Wahrheit, Schönheit, Güte könnte eine 'gemeinschaftliche Geistigkeit' bewirken.

> „Dann würde die Anthroposophische Gesellschaft eine Stätte werden, in der angestrebt wird, physische Leiblichkeit, ätherische Leiblichkeit, astralische Leiblichkeit allmählich ihren Zielen und ihrem Wesen gemäß auszubilden."

Steiner ließ keinen Zweifel daran, dass der Zustand der vier unten genannten Sozialebenen ausschlaggebend sei für den Realitätsgehalt der Anthroposophischen Gesellschaft als eines Ganzen.

2.

Die im Vortrag vom 20.1.1923 en passant eingeführten vier Wesensschichten einer sozialen Gemeinschaft lassen sich näher bestimmen wie folgt:

- die physische Ebene: die Handlungen der Mitglieder;
- die ätherische Ebene: die Organisationsabläufe in der Gemeinschaft;
- die astralische Ebene: die Art des Zusammengehörigkeitsgefühls;
- die geistige Ebene: das 'Ich' der Gemeinschaft, selbst ergriffene oder zustimmend übernommene Aufgaben.

Als Rudolf Steiner 1901 an die Theosophische Gesellschaft heran trat, geschah dies als Goetheforscher, Naturwissenschaftler und promovierter Philosoph, mit einem sich konsolidierenden Hellsehen begabt. Die Theosophische Gesellschaft (Adyar) hatte, so weit erkennbar, alle vier Stufen des Sozialen mehr oder weniger gut ausgebildet, die geistige Stufe ergab sich aus der Loyalität der Mitglieder gegenüber den signifikanten Persönlichkeiten der Gesellschaft. Steiner wurde als neuer Geisteslehrer und als Autorität ('Guru') erlebt, der Geistesschüler anzuleiten hatte. Trotz verschiedener Rivalitäten war die Theosophische Gesellschaft (Adyar) in der Zeit vor dem ersten Weltkrieg nicht in ihrem Bestand gefährdet, auch nicht durch den 'Orden vom Stern im Osten'. In der ab 1913 gebildeten Anthroposophischen Gesellschaft konnte nach Steiners eigener Auffassung bis etwa Kriegsende ruhig gearbeitet werden, trotz kriegsbedingter Abwesenheit vieler Mitglieder. Die Mitgliederzahl stieg, dann traten ab etwa 1913 Differenzen auf, zum Beispiel zwischen 'alten' und 'jungen' Mitgliedern. Einige Gründungen der Gesellschaft wiesen sich als nicht überlebensfähig, die Dreigliederungsbewegung musste aufgegeben werden. Das Problem zwischen der 'Mutter' und ihren 'Töchtern' trat auf (Tochterbewegungen). Die zweite und die dritte Wesensschicht gerieten in Gefahr, und zwar so deutlich, dass auch die geistige (Ich-)Ebene in Gefahr geriet. Auf einmal war nicht mehr Konsens, was die Gesellschaft eigentlich wollte, abgesehen davon, dass man die Nachschriften von Rudolf Steiners Mitglieder-Vorträgen eifrig konsumierte.

3.
1904 hatte Rudolf Steiner sein Buch *Theosophie* erscheinen lassen, es gab die Aufsatzsammlungen *Aus der Akasha-Chronik* und *Wie erlangt man Erkenntnisse der höheren Welten?*. 1910 brachte Rudolf Steiner sein Hauptwerk *Die Geheimwissenschaft im Umriss* heraus. Vom Beginn seiner Tätigkeit als Generalsekretär der deutschen Sektion der Theosophischen Gesellschaft an hatte Steiner eine aus-

gedehnte Vortragstätigkeit entfaltet. Man erwartete in den Zweigen und Gruppen zuerst der Theosophischen, dann der Anthroposophischen Gesellschaft immer neue Enthüllungen der Geheimnisse der höheren Welten. Marie von Sivers, dann Marie Steiner, organisierte nicht nur die Anthroposophische Gesellschaft als solche, sondern auch die sich mehrenden Vortragsnachschriften unterschiedlicher Qualität. Die sog. 'Zyklen' wurden in einem von Frau Steiner neu gegründeten Verlag herausgebracht; sie waren käuflich zu erwerben, trotz der Bedenken Steiners.

Da Steiners Geistesforschung sich erweiterte und vertiefte, mussten in den Zyklen Widersprüche auftreten, die nicht oder nur unter Schwierigkeiten beseitigt werden konnten. Erst heute, hundert Jahre später, sind die mit den Vortragsnachschriften verbundenen Probleme – unter anderem durch die Arbeiten von Irene Diet – deutlich geworden. Die Verfestigung von Vortragsaussagen durch Drucklegung und die gleichzeitig sich erweiternde und vertiefende Geistesforschung befinden sich in einem sachlichen Widerspruch, der Rudolf Steiner zweifellos bewusst war, der aber von den Mitgliedern und Käufern hingenommen wurde. Die notwendige Verarbeitung gelang nicht immer oder nur Wenigen. Die Stoffüberflutung hat bis heute destabilisierende Wirkungen. Solange er konnte, ergriff Steiner Gegenmaßnahmen:

- Immer wieder wies er auf seine voranthroposophischen Werke, vor allem auf *Die Philosophie der Freiheit*, aber auch auf seine Goetheschriften und auf die gedruckten anthroposophischen Werke hin und forderte strenges Studium mit allen Möglichkeiten des rationalen und intuitiven Denkens;

- zu jeder geisteswissenschaftlichen Aussage möge vom Leser auch die Gegenaussage geprüft werden;

- jede geisteswissenschaftliche Aussage müsse mit allen Möglichkeiten des Verstandes und der Beobachtung geprüft werden. Gerade dieses Gebot Steiners ist in der Folgezeit weit

gehend ignoriert worden mit der notorischen Bemerkung, nur ein anderer Hellseher könne Steiners Aussagen überprüfen.
- Auf längere Sicht nach Steiners Tod hatte die Prüfungsabstinenz zugunsten des 'guten Glaubens' fortschreitende Belastungen der Gesellschaftsaura zur Folge. Trotz und gerade wegen des Prüfungsverzichts wirkte das überwältigende Charisma des Geisteslehrers weiter, von seinen möglichen Irrtümern wird nicht gesprochen.
- Vorgriff: Die Veröffentlichungen der Freien Hochschule für Geisteswissenschaft sollten unter dem Vorbehalt ausreichender Vorkenntnisse des Lesers erfolgen. Diese Einschränkung ist wirkungslos geblieben.

4.
Die oben (I.3) erwähnten 'Lebensbedingungen' der Anthroposophischen Gesellschaft wurden in der Zeit nach dem ersten Weltkrieg nicht erfüllt. Dies verursachte einen Abbau oder Zerfall der Wesensmerkmale der Gesellschaft:
- Am Bestand der physischen Ebene, aus den Handlungen der Mitglieder gebildet, war weiterhin nicht zu zweifeln. Soweit bekannt, trat nach 1918 kein Mitgliederschwund ein, im Gegenteil, die Mitgliederzahl stieg.
- Die ätherische, funktionale Ebene war 1923 in ein Chaos geraten. 1991 – achtundsechzig Jahre nach 1923 – brachte der Rudolf-Steiner-Verlag, wie bereits erwähnt, den über 900 Seiten umfassenden Band 259 der Gesamtausgabe heraus mit dem Titel: *Das Schicksalsjahr 1923 in der Geschichte der Anthroposophischen Gesellschaft*. Vor der Entstehung dieser editorischen Leistung kursierten nur einzelne oder Konvolute von Dokumenten über die Vorgänge des Jahres 1923, über die Beratungen der Funktionäre, teilweise mit Rudolf Steiner und Marie Steiner, teilweise ohne sie. Die jetzt durch den Band 259 vorliegenden Nachweise sind so gewichtig und so bedrückend, dass am Zerfall der ätherischen Schicht der Anthroposophischen Gesellschaft kaum gezweifelt werden kann. Der nachgewiesene Ausspruch Steiners, die Ge-

sellschaft sei ahrimanisch durchlöchert, erscheint angesichts des vorliegenden Materials verständlich und gerechtfertigt.

- Die dritte Ebene, die des Gemeinschaftsgefühls (astrale Ebene), war schwer belastet, vor allem durch den Gegensatz 'alter' und 'junger' Mitglieder. Es ist nicht auszuschließen, dass die von Rudolf Steiner gebilligte oder sogar unterstützte Bildung eines 'esoterischen Jugendkreises' die Spaltungstendenzen unterstützte. Die latenten bis hin zu sich manifestierenden Belastungen der dritten Ebene zeigten ihr elementare Stärke in den Jahren nach 1930.

- Durch die hier nur erwähnten, der näheren Analyse bedürftigen Zerfallserscheinungen war die vierte (geistige) Ebene entscheidend geschwächt, mit der Folge, dass Rudolf Steiner, in stundenlangen Nachtsitzungen, wiederholt fragte, ob sich die Anthroposophische Gesellschaft überhaupt noch einer Aufgabe stellen könne, ja, ob eine solche Aufgabe überhaupt definierbar sei. Am 30.1.1923 bemerkte Steiner in einer Beratung des sog. Dreißigerkreises: „Die Gesellschaft ist in Zerfall begriffen"; am 31.1.1923: „Hier herrscht eine Kälte, die das Ungeheuerlichste ist, und die ganze Versammlung hat dieses gemeinsame Charakteristikum." Dass an dieser Stelle die Qualität der 'Kälte' auftaucht, ist von weiterwirkender Relevanz, denn diese Art von Kälte kann jederzeit umschlagen in partikulare Erhitzung.

5.
Nachzutragen ist nun noch die sog. Delegierten-Versammlung, die am 27. und 28.2.1923 in Stuttgart stattfand und an welcher Rudolf Steiner teilnahm. Es sollten die inneren Streitigkeiten der Anthroposophischen Gesellschaft diskutiert und überwunden werden. Steiner hielt zwei programmatische Vorträge und beteiligte sich auch am Gespräch. Die beiden Vorträge und drei Berichte, die er nach seiner Rückkehr nach Dornach den dortigen Mitgliedern erstattete, sind nachzule-

sen in Band 257 der Gesamtausgabe mit dem Titel *Anthroposophische Gemeinschaftsbildung*. Eine Woche vor der Delegierten-Versammlung äußerte sich Steiner in Dornach: „Für mich selber wird es sich ergeben, was ich zu tun habe, je nachdem, wie die Stuttgarter Tagung ausfällt."

Wie einzelnen Berichten zu entnehmen ist, welche die Zeiten überdauert haben, verlief die Versammlung chaotisch, die Gesprächsleitung war überfordert.

Seine beiden Vorträge hielt Rudolf Steiner am Abend des ersten Versammlungstages (27.2.1923) und am Nachmittag des zweiten Tages (28.2.1923). Er gelangte dabei zu einem bisher nicht dargestellten Gemeinschaftsprinzip, welches er als 'umgekehrten Kultus' und als das 'Erwachen am anderen Menschen' beschrieb.[3] Es handelt sich um eine geisteswissenschaftliche Arbeitsweise, bei welcher durch das Gesprächsverhalten einer Forschungsgruppe ein bestimmter, sich senkender Kontakt mit der geistigen Welt ermöglicht wird. Eine solche gnadenhafte Erfahrung wird ermöglicht durch die individuellen, doch sachgerechten Beiträge der jeweils anderen Menschen.

In einem Dornacher Bericht über die Delegiertenversammlung bemerkt Steiner zu diesem Vorgang:

„Jede Gemeinschaftsbildung läuft darauf hinaus, dass unter denjenigen, die sich zur Gemeinschaft zusammenschließen, ein höheres Geistig-Wesenhaftes waltet, das gewissermaßen aus geistigen Welten heruntersteigt und die Menschen zusammenbindet."

Steiners Ausführungen gehen weit über Mahnungen zur Verträglichkeit der Mitglieder hinaus. Sie enthalten eine Perspektive für die Arbeitsweise der 1923 noch nicht eingerichteten, von den Mitgliedern noch nicht erahnten, künftigen Freien Hochschule für Geisteswissenschaft. In der Gesellschaftssituation des Jahres 1923 konnten Rudolf Steiners Ausführungen keinen konsolidierenden Einfluss ausüben. Dass sich die Gesellschaftsverhältnisse in nächster Zukunft wie von selbst klären würden, konnte Rudolf Steiner im Fortgang der Monate des Jahres 1923 kaum erwarten. Dies zeigten auch die mehrfach erwähnten Vorträge vom Juni des Jahres.

6.
Im weiteren Verlauf des Jahres 1923 kam Rudolf Steiner zu der Überzeugung, dass eine Selbstrettung aus eigener Kraft der Anthroposophischen Gesellschaft nicht mehr zu erwarten sei. Sollte er – Steiner – also die Gesellschaft sich selbst überlassen und einen persönlichen Weg einzuschlagen versuchen? Oder sollte er sich voll mit der Gesellschaftswirklichkeit verbinden, mit allen ihren Problemen, also zusätzlich zu seinem Engagement als Geisteslehrer auch als Vereinsvorsitzender Verantwortung übernehmen?

Es gelang Steiner später nicht, seine Autobiografie *Mein Lebensgang* bis in die damalige Gegenwart zu führen. Wer sich heute über Steiners Weg in den letzten Jahren seines Lebens in Bezug auf seine Beziehung zur Anthroposophischen Gesellschaft zu unterrichten wünscht, wird entweder in der noch vorhandenen Fülle des Materials zu recherchieren haben oder auf die inzwischen entstandenen Steiner-Biografien rückgreifen müssen. Gesichtspunkte der Objektivität legen nahe, sich der Steiner-Biografien von Gerhard Wehr und von Christoph Lindenberg zu bedienen.[4]

Besonders Lindenberg machte darauf aufmerksam, dass Steiner noch während des ganzen Jahres 1923 den Mitgliedern zu zeigen versuchte, dass es um den Geistgehalt der Gesellschaft, um den gemeinsamen Entschluss gehe, sich eine wirkliche, geistgemäße Aufgabe vorzunehmen. Lindenberg schreibt:[5] Es wäre notwendig gewesen, „dass sich die Anthroposophische Gesellschaft eine wirkliche Aufgabe setzt, dass sie als Gesellschaft da ist".

Wo liegt der Kern der Hindernisse? Im August 1923 reiste Steiner nach England. Er bat darum, sich während seiner Abwesenheit zu bemühen, „nachzusinnen, wie man aus dieser Sektiererei herauskommt". Die Anthroposophische Gesellschaft drohe immer weiter und weiter in die Sektiererei hineinzukommen.[6] Die Schilderung der letzten Monate vor Weihnachten 1923 fasst Lindenberg zusammen in dem Kapitel 'Herbst 1923 – Der Weg zur Entscheidung'. Gegen Ende des Kapitels schreibt Lindenberg, mit dem wohl erst in den letzten Wochen des Jahres gefassten Entschluss, die Verantwortung für die Anthroposophische Gesellschaft durch deren Leitung zu übernehmen, habe Rudolf Steiner 'seine geistige Existenz riskiert'! Ita Wegman habe bestätigt, dass der Entschluss tatsächlich in letzter Stunde zustande kam. Steiner selbst berührt den Entschluss, als 'nach schwerem Überwinden gefasst', in seinem Vortrag zur Eröffnung der Neugründungstagung am 24.12.1923.[7]

7.
Über den Verlauf und die Bedeutung der 'Weihnachtstagung' ist in beinahe einhundert Jahren ein Mythos entstanden, der nicht leicht zu durchdringen ist. Wie verzweifelt die Gesellschaftslage war, ergibt sich situativ schon daraus, dass die Versammlung mit etwa 800 Teilnehmern unmittelbar neben der Brandruine in einem ebenfalls brandgefährdeten und überfüllten Werkstattbau stattfand.

Die Tagung entwickelte sich durch neun Tage hindurch vom 24. Dezember 1923 bis zum 1. Januar 1924. Die 'Schreinerei' als Tagungsraum sollte eine Demonstration ungebrochenen Existenzwillens und gesellschaftlicher Zuversicht darstellen, was sich nach dem Verlauf des Jahres 1923 keineswegs von selbst verstand.

Die wichtigsten Teile des Tagungsgeschehens sind dokumentiert in dem von Marie Steiner 1944 (!) herausgegebenen Band *Die Weihnachtstagung zur Begründung der Allgemeinen Anthroposophischen Gesellschaft 1923/24*, ab 1963 Band 260 der Gesamtausgabe:

- Der programmatische Eröffnungsvortrag Rudolf Steiners am ersten Tag;
- die ideelle Grundsteinlegung durch einen vierteiligen Spruchtext in die Herzen der Mitglieder, mit Hilfe Rudolf Steiners;
- die Statutenberatungen in drei Lesungen;
- eine neunteilige abendliche Vortragsreihe mit dem Thema 'Die Weltgeschichte in anthroposophischer Beleuchtung und als Grundlage der Erkenntnis des Menschengeistes'.

Der Eröffnungsvortrag enthielt Aussagen Rudolf Steiners, die im weiteren Gesellschaftsleben wegleitende Wirkungen entfalteten:

- Die anthroposophische Bewegung(!) sei nicht Erden-, sondern Gottesdienst; sie sei entstanden in Befolgung eines Rufes aus der geistigen Welt;
- das Ende des 'Kali-Yuga' sei eingetreten;
- für Rudolf Steiner habe sich die Notwendigkeit ergeben, den Vorsitz der Anthroposophischen Gesellschaft zu übernehmen;
- die Statuten sind nicht programmatisch gemeint; sie knüpfen an die tatsächliche Situation an (und sind daher veränderbar);
- alle Gruppen in der Anthroposophischen Gesellschaft sind autonom;
- die Schriften der Anthroposophischen Gesellschaft sind öffentlich;

- die Anthroposophische Gesellschaft ist eine Gesinnungsgesellschaft; Sektiererei ist ausgeschlossen (Abschnitt 4 der Statuten);
- es wird eine Freie Hochschule für Geisteswissenschaft eingerichtet.

Als künftiger Vorsitzender schlug Steiner die weiteren Vorstandsmitglieder Marie Steiner, Albert Steffen, Ita Wegman, Elisabeth Vreede und Günther Wachsmuth vor. Die Versammlung bekundete ihr Einverständnis mit starkem Beifall. Eine Wahl (als Auswahl) fand nicht statt. Steiner hatte nur mitgeteilt, mit welchen Persönlichkeiten er zu arbeiten gedenke. Dieses autoritative Verfahren war 1923 geboten, es ist aber nicht wiederholbar.

Am ersten Weihnachtsfeiertag las Steiner den mehrteiligen ideellen Grundsteinspruch. An den folgenden Tagen trug er einleitend jeweils Teile des Spruchs vor und besprach diese Teile.

Die bei der Tagung anwesenden etwa 800 Mitglieder (von etwa 12 000) befanden sich nach Teilnehmeräußerungen in einem gehobenen, erregten, wohl kaum reflexiven Bewusstsein. Steiner hatte die Tagung mit drei Hammerschlägen eröffnet, wodurch die Bedeutung der Tagung bestätigt worden war. Die überwiegend kleinlichen bis nebensächlichen Mitgliedervoten bei den Statutenlesungen zeigen, dass die eigentlichen Absichten Steiners nicht allen Anwesenden durchsichtig waren. Die dritte, abschließende Statuten-Lesung, die hätte zeigen können, welche Idee hinter dem streckenweise ungebräuchlichen Statutentext eigentlich stand, fiel aus, weil sich niemand mehr zu Wort meldete.

8.

Aus einem Abstand von einundzwanzig Jahren blickte Marie Steiner zurück auf die Neugründungstagung von 1923/24. Erst 1944 konnte der spätere Band 260 der Gesamtausgabe erscheinen, auch dies eine wichtige Markierung der Gesellschaftsgeschichte. Selbstverständlich hatte sich Marie Steiner mit den vorhandenen Mitschriften und auf Grundlage ihrer persönlichen Erinnerungen in den langen Jahren seit 1924 immer wieder mit dem Tagungsgeschehen und mit seinen Nachwirkungen beschäftigt.

In ihrer Eingangsbetrachtung zu Band 260 schreibt Marie Steiner u.a.:

„Eine Schilderung der Weihnachtstagung zu geben, ist wohl eine der schwersten Aufgaben, die man sich stellen kann ... Es ist der mächtigste Versuch eines Menschenerziehers gewesen, seine Zeitgenossen über das eigene kleine Selbst hinauszuheben, sie zum bewussten Wollen wachzurufen, Werkzeug der weisen Weltenlenkung werden zu dürfen. Doch ist diese Weihnachtstagung zugleich mit einer unendlichen Tragik verbunden. Denn man kann nicht anders als sagen: Wir waren wohl berufen, aber nicht auserwählt. Wir sind dem Ruf nicht gewachsen gewesen. Die weitere Entwicklung hat es gezeigt. Zunächst war jeder, der diese Tagung mitgemacht hat, über sich selbst wie hinausgehoben, in seinem Inneren durchwärmt und zugleich erschüttert. Aber ein Schicksal waltete über dem Ganzen, das in andern Daseinssphären hat ausgetragen werden müssen. Der Ausgang hat gezeigt, was es für Dr. Steiner bedeutet hat, unser Karma auf sich zu nehmen ... Die tiefste Esoterik hätte darin bestehen können, bisher divergierende geistige Strömungen in einigen ihrer Repräsentanten ... zum harmonischen Ausgleich zu bringen."

II. Die Weihnachtstagung zur Begründung der Allgemeinen Anthroposophischen Gesellschaft

Die hier auszugsweise wiedergegebenen Worte Marie Steiners von 1944 sind nicht nur Ergebnis des persönlichen Miterlebens der Ereignisse von Weihnachten 1923/24, sondern auch des Miterlebens der Jahre zwischen 1924 und 1944. Sie sind Ausdruck des Scheiterns der 'Weihnachtstagung' in diesen Jahren.

Es ist zweifelhaft, ob sich eine Mehrheit der Mitglieder der Anthroposophischen Gesellschaft der Sichtweise Marie Steiners angeschlossen hat oder hätte, sofern diese Mitglieder den Band über die Weihnachtstagung studiert hatten oder die eigene Erinnerung befragen konnten. Albert Steffen und Günther Wachsmuth waren mit Marie Steiner gewiss nicht in Übereinstimmung, was sich aus der weiteren Gesellschaftsgeschichte ergibt.

Anmerkungen zu Kapitel II

1) Rudolf Steiner: *Lebendiges Naturerkennen*, GA 220, Vortrag vom 20.1.1923.
2) Rudolf Steiner: *Die Geschichte und die Bedingungen der anthroposophischen Bewegung im Verhältnis zur Anthroposophischen Gesellschaft,* GA 258.
3) Rudolf Steiner: *Anthroposophische Gemeinschaftsbildung,* GA 257, Vorträge vom 27.2. und vom 3.3.1923.
4) Gerhard Wehr: *Rudolf Steiner,* Freiburg i.Br. 1982. Christoph Lindenberg: *Rudolf Steiner.*
5) Anm. 4 Lindenberg S. 817 ff.
6) Rudolf Steiner: *Das Schicksalsjahr 1923 in der Geschichte der Anthroposophischen Gesellschaft,* GA 259 S.302.
7) Rudolf Steiner: *Die Weihnachtstagung zur Begründung der Allgemeinen Anthroposophischen Gesellschaft 1923/24,* GA 260 Die erste Auflage des Buches erschien 1944 mit zweitausend Exemplaren, die zweite Auflage kam 1957 nach dem Tod Marie Steiners heraus. In der Gesamtausgabe erschien das Buch 1963.

III.
Nach der Weihnachtstagung
Der Tod Rudolf Steiners
Die Anthroposophische Gesellschaft bis 1935

1.

Im Verhältnis zu den Gesellschaftsvorgängen ab dem Jahre 1918, vor allem aber während des Jahres 1923, nach dem Goetheanumbrand, muss die 'Weihnachtstagung' mit der Übernahme des Gesellschaftsvorsitzes durch Rudolf Steiner als eine entschlossene, aber auch unvermeidliche Rettungs- und Notfallmaßnahme erscheinen.[1]

Steiners Initiative bestand darin, dass er zur Ordnung der oben beschriebenen Gesellschaftswesensglieder, besonders der ätherischen Ebene, zu unerwarteten, neuartigen Lösungen gelangte, zur Vorbereitung eines eingetragenen Vereins als Dachorganisation, zur Errichtung von autonomen Landesgesellschaften und zur Gründung einer Freien Hochschule für Geisteswissenschaft in Dornach.

Vermutlich schon von den Gründungstagen an, Weihnachten 1923/24, entstand unter den Mitgliedern auch desjenigen Teils, der die Gründungstagung nicht mitgemacht hatte, eine gesamthafte Deutung, wonach es sich um ein tatsächliches, zitierbares spirituelles Ereignis höchsten Ranges, um einen Mysterienvorgang im zwanzigsten Jahrhundert, einmalig, aber auf Dauer angelegt, gehandelt habe, unter der verlässlichen, jederzeit bereitstehenden Verantwortung des Geisteslehrers höchstpersönlich. So hatte es Rudolf Steiner aber gewiss nicht gemeint, was eigentlich schon die unmittelbare Vorgeschichte zeigen konnte. Tatsächlich war die Tagung ein zutiefst hypothetischer Vorgang, dem Mitgliederentschlüsse erst entgegenkommen sollten.[2] Was würde nun in der Folge geschehen? Hatte Steiner die Empfänglichkeit der Mitgliedschaft einerseits, deren Initiativbereitschaft andererseits richtig eingeschätzt?

2.
Rudolf Steiner war sich dessen bewusst, dass er die 'Annahme' oder 'Nicht-Annahme' der Gründungstagung nicht einfach abwarten konnte, dass er vielmehr die eventuellen Erneuerungsaufbrüche in der Gesellschaft – ihrer entscheidenden Konsequenz wegen – fortlaufend zu unterstützen habe. Die Tagung sei nicht abgeschlossen, betonte er, sie müsse fortdauern.

Neben einer Fülle von Einzeldarstellungen und –aufrufen in Wort und Schrift begann er umgehend mehrere Vortragsreihen in Dornach:

- In unmittelbarer Fortsetzung der oben erwähnten Vortragsreihe während der Weihnachtstagung: Vom 4. bis zum 13. Januar und dann vom 19. bis zum 22. April 1924 hielt er zehn Vorträge über 'Mysterienstätten des Mittelalters. Rosenkreuzertum und modernes Einweihungsprinzip'[3].
- Neun Vorträge vom 19. Januar bis zum 10. Februar 1924: 'Anthroposophie – Eine Zusammenfassung nach 21 Jahren'[4];
- Einundachtzig Vorträge vom 25. Januar bis zum 28. September 1924: 'Esoterische Betrachtungen karmischer Zusammenhänge'[5];
- Neunzehn Hochschulstunden und sieben Wiederholungsstunden vom 15. Februar bis zum 20. September 1924[6].
- Auf einer Englandreise hielt er elf Vorträge vom 11. bis zum 22. August 1924 über 'Das Initiatenbewusstsein'[7].

Eine ins Einzelne gehende Analyse kann zeigen, in welchem Sinne durch alle diese Vorträge – begleitet von Aufsätzen im Mitgliederorgan der Gesellschaft und von 'Leitsätzen' in der Wochenschrift *Das Goetheanum* – Steiner versuchte, die

Impulse der Gründungstagung aufzugreifen und weiterzuführen.

Im Abstand von fünfundneunzig Jahren ist kaum mehr zu erkennen, welche Veränderungen des Gesellschaftsbewusstseins in seinen vier Schichten im Jahr nach der Gründungstagung tatsächlich eingetreten sind. Es müsste das gesamte – auch private – Schrifttum des Jahres 1924 überprüft werden – soweit überhaupt noch auffindbar –, was derzeit nicht möglich ist.

Ohne nähere Nachweise sind aber mündliche Äußerungen Rudolf Steiners gegenüber einigen wenigen Mitgliedern überliefert, wonach die Weihnachtstagung misslungen sei. Ita Wegman will von Steiner gehört haben, der Gesellschaft sei von der geistigen Welt eine Frist von neun Monaten eingeräumt, um die Weihnachtstagung 'anzunehmen'.[8]

Dem kaum zu leugnenden Notfallcharakter der Weihnachtstagung im Hinblick auf die Gesellschaftssituation von 1923 hätte eine Phase der Konsolidierung folgen müssen, aber nicht nur der Beruhigung, sondern der pfingstlichen Erweckung. Was hätte nach Rudolf Steiners Erwartungen oder Hoffnungen geschehen müssen?

In der Zeit der Unsicherheit – Januar bis September 1924 – entstanden nicht ohne Anlass zwei Überzeugungen, die sich später zu Glaubenssätzen auswuchsen, die beide mit Rudolf Steiner rechneten, sogar über die Schwelle des Todes hinaus, und die dann Jahrzehnte der Gesellschaftsgeschichte beherrschten[9]:

- Seit der Weihnachtstagung seien anthroposophische Bewegung[10] und Anthroposophische Gesellschaft auf Dauer vereint;
- der Vorstand der Anthroposophischen Gesellschaft sei ein 'esoterischer Vorstand', egal in welcher Zusammensetzung.

Erst in den letzten Jahrzehnten des 20. Jahrhunderts wurde man sich im meinungsbildenden Teil der Mitgliedschaft dessen bewusst, dass diese Ideologisierungen dem 'ethischen Individualismus' der Freiheitsphilosophie diametral entgegenstehen. Das nimmt nicht wunder, da Steiners *Philosophie der Freiheit* im Schrifttum der Anthroposophischen Gesellschaft ohnehin nur eine periphere Bedeutung hatte.

Die beiden Idole, das der Gesellschaft und dasjenige des Vorstands, sind dadurch gekennzeichnet, dass in beiden Fällen der Gesellschaftsvorsitzende, Rudolf Steiner, nachtodlich in Anspruch genommen wird. Bei diesem in der Geistesgeschichte nicht unbekannten Verhalten wird mit der nachtodlichen Entwicklung des Verstorbenen nicht gerechnet. „Der Lehrer spricht nach seinem Tode anders", wie Albert Steffen einmal vermerkte. Es kann nur von Übel sein für alle Beteiligten, wenn versucht wird, den Verstorbenen auf seine Erdenexistenz hin festzuhalten, und zwar zum Zwecke irdischer Vorteile. Ich komme später darauf zurück.

Im Laufe des Jahres 1924 verschlechterte sich der Gesundheitszustand Rudolf Steiners. Am letzten Tag der Gründungstagung hatte er eine Magenvergiftung erlitten, deren Ursache bis heute unbekannt ist. Gegenüber Marie Steiner erwähnte er wiederholt, dass er seit Januar 1923, das heißt seit der Brandnacht, etwas außer Verbindung mit seinem physischen Leibe sei.[11] Diese Selbstdiagnose klingt bedrohlich, denn wenn ein Mensch keine Verbindung mit seinem physischen Leib mehr hat, so ist er tot.

Nach einer beispiellosen Steigerung seines Arbeitsvolumens im September 1924 ging Steiner in den Krankenzustand über, das heißt, er musste seine Vortragstätigkeit abbrechen und war auch nicht mehr wie bisher für alle ratsuchenden Mitglieder zu sprechen. Ita Wegman übernahm die ärztliche Pflege und Überwachung.

3.

Rudolf Steiner und Ita Wegman kannten sich schon seit den frühen Berliner Tagen. Später studierte Wegman Medizin und nahm Wohnsitz in der Schweiz. Erst im Zusammenhang mit dem Brandunglück kamen sich Steiner und Wegman näher. Nach und nach ließ Steiner erkennen, dass ihnen gemeinsame Erfahrungen aus vergangenen Erdenleben folgten. Vor allem im Laufe des Jahres 1924 widmete Steiner der Ärztin eine Fülle von Briefen, Meditationen und Sinnsprüchen, teils mit unmittelbaren Bezügen zu alten Erlebnissen.[12] Vor der Veröffentlichung des Schriftwechsels Steiner/Wegman war dieser vom Freundeskreis Wegmans strikt unter Verschluss gehalten worden.

Steiner verfolgte sonst, wie mehrfach überliefert, die Regel, dass frühere Erdenleben nur ausnahmsweise und dann erst im höheren Alter Betroffener mitgeteilt werden sollten. Missbrauch sollte ausgeschlossen werden. Bei der Beziehung Rudolf Steiner/Ita Wegman machte Steiner eine Ausnahme, was unmittelbar zu schweren und folgenreichen Belastungen des seelischen Gleichgewichts bei Frau Wegman führen musste. Der karmischen Vergangenheit beider wuchs sehr rasch gesellschaftsgeschichtliche Bedeutung zu. Insbesondere entstand ein Gegensatz zwischen Ita Wegman und Marie Steiner. Letztere verbanden ebenfalls alte gemeinsame Erdenleben mit Rudolf Steiner. Diese auch unter saturierten Verhältnissen schwierige Situation konnte während Rudolf Steiners Lebenszeit unter Kontrolle gehalten werden. Es verbietet sich von selbst, die Dreier-Konstellation Marie Steiner – Rudolf Steiner – Ita Wegman als ein primitives Eifersuchtsdrama zu verunglimpfen, doch lässt sich der Situation die Warnung ablesen, dass sich schwere persönliche Belastungen aus der Erkenntnis früherer Erdenleben einstellen können.

4.
Rudolf Steiner starb am 30. März 1925, 64 Jahre alt, nicht unerwartet, aber doch unerwartet schnell. Marie Steiner, die sich auf Eurythmiereise befand, kam zu spät nach Dornach zurück, um Rudolf Steiner noch lebend zu finden.[13]

Es gehört zu den Besonderheiten der Gesellschaftsgeschichte, dass die Todesursache Steiners bis heute nicht wirklich bekannt ist.[14]

Am 3.4.1925 fand in Basel die Kremationsfeier statt. Stimmen, Steiner habe eine Erdbestattung in Dornach gewünscht, ließen sich nicht bestätigen. An diesem Tage, vier Tage nach Steiners Tod, zeigten sich die ersten Bruchlinien des angeblich esoterischen Vorstands: Während der Rückfahrt von Basel nach Dornach, im Automobil, mit der Urne an Bord, ergab sich ein heftiger Wortwechsel zwischen Marie Steiner und Ita Wegman über den Aufbewahrungsort der Urne. Marie Steiner dachte an das Wohnhaus in Dornach, Ita Wegman an das 'Atelier' bei der Schreinerei. Frau Wegman hatte mit Albert Steffen und Günther Wachsmuth verabredet, dass die Urne vorläufig in das 'Atelier' gebracht werden sollte. Steffen war gebeten worden, dies Frau Steiner mitzuteilen und um Einverständnis zu bitten, was er aber unterließ. Er gab damit als präsumtiver Vorsitzender einen Vorgeschmack auf seine künftige Unzuverlässigkeit.

In der Dornacher Mitgliedschaft wurde der 'Urnenstreit' rasch bekannt, die zutage getretenen Gegensätze wurden erweitert und dramatisiert.[15]

Marie Steiner entschloss sich in diesen ersten Tagen ihrer Witwenschaft, sich aus dem Vorstand zurückzuziehen; sie bat Eugen Kolisko, den Schularzt in Stuttgart, den Gesellschaftsvorsitz zu übernehmen und Maria Röschl, eine Waldorflehrerin, mitzubringen, die dann an ihrer – Marie Steiners – Stelle in den Vorstand eintreten könne. Marie Steiner schrieb: „Ich habe klar erkannt, dass unser Vorstand, so wie er jetzt ist, verwaist ist in seiner Kindheitsstufe, ein Nichts ist."[16] Gegenüber Lilli Kolisko, der Ehefrau Eugen Koliskos, erklärte Marie Steiner: „Der Vorstand ist nicht esoterisch. Er hat nur solange eine Berechtigung gehabt, als Dr. Steiner lebte. Mit seinem Tod ist er ein Nichts..."[17]

Kolisko und Röschl lehnten die ihnen angetragenen Berufungen ab, die Vorstandsmitglieder Steffen, Wegman, Vreede, Wachsmuth waren entsetzt.[18] Marie Steiner ließ sich – „nach schwerem Überwinden" könnte man hier auch sagen – umstimmen und es kam zu einer im Nachrichtenblatt veröffentlichten Vorstandserklärung:[19]

„Die Leitung der Anthroposophischen Gesellschaft wird in dem Sinne weitergeführt, wie Rudolf Steiner es in der Weihnachtstagung angegeben hat. Da die Fertigregelung der mit dieser Tagung verbundenen Neugruppierung der Institutionen noch kurze Zeit vor seinem Tode möglich gewesen ist, spätere Angaben aber nicht vorliegen, die zu einer Veränderung dieses Zustandes Anlass geben, betrachtet es der von ihm eingesetzte Vorstand als seine Pflicht, in seinen Funktionen zu bleiben und im Geiste Rudolf Steiners, den er fortdauernd als Führer in seiner Mitte weiß, weiterzuarbeiten. Wir bitten demgemäß, alle Fragen die Anthroposophische Gesellschaft betreffend wie bisher an den Vorstand derselben ... zu richten; Fragen in Angelegenheiten der einzelnen Sektionen an die Leiter derselben; Aufnahmegesuche für die I. Klasse der Hochschule für Geisteswissenschaft an die Schriftführerin, Frau Dr. Ita Wegman. Vor allem hat es sich der Vorstand zur Aufgabe gemacht, den Lieblingsgedanken Rudolf Steiners, den Bau des Goetheanums, zu verwirklichen. Er rechnet mit der begeisterten Teilnahme der Mitglieder."[20]

III. NACH DER WEIHNACHTSTAGUNG. DER TOD RUDOLF STEINERS
DIE ANTHROPOSOPHISCHE GESELLSCHAFT BIS 1935

Als Entstehungsbedingung dieser für die nächsten Jahrzehnte wegleitenden Erklärung sind zu bedenken:

- die mangelnde Integration des Rest-Vorstands;
- die anzunehmende Instabilität der Mitgliedschaft aus den noch kaum überwundenen Verhältnissen von 1923;
- die ungeklärte rechtliche Situation der Gesellschaft.

Einzelne warnende Stimmen, wie die von Emil Leinhas, man möge doch bedenken, was ohne Rudolf Steiner überhaupt noch zu verwirklichen sei, blieben unbeachtet.

Die Vorstandsverlautbarung ist von dem Gedanken des 'Weiter so wie bisher' beherrscht, der eine ernste Gewissenserforschung über die eigenen beschränkten Möglichkeiten ausschließt. Statt solcher Bedenken setzt die Vorstandsbotschaft eine Reihe von unzutreffenden Behauptungen und neue Idole in die Welt:

- Keineswegs ist eine 'Fertigregelung' der Gesellschaftsinstitutionen erfolgt; vielmehr ist der Rechtsstatus der Anthroposophischen Gesellschaft höchst zweifelhaft und die Mitglieder konnten nicht wissen, aber auch nicht fragen, welchem Verein sie überhaupt angehörten. Davon wird noch die Rede sein. Die Unwahrheit der 'Fertigregelung' sollte noch den Konstitutionsstreit um das Jahr 2000 beeinflussen;
- der Vorstand will den Geist Rudolf Steiners fortdauernd in seiner Mitte wissen. Der Vorstand ist ein Rechtsorgan, auch wenn er nicht gewählt, sondern nur bestätigt wurde, durch die Gründungsversammlung. Ein nur geistig anwesender Vorsitzender kann nicht zur Verantwortung gezogen werden. Jedes Vorstandsmitglied kann sich unter geistiger Führung etwas anderes vorstellen;
- es wird eine besondere Zuständigkeit Ita Wegmans für die Angelegenheiten der 'Hochschule', hier also der 'Klasse' behauptet. Diese besondere Zuständigkeit nach dem Tode Rudolf Steiners wird noch heute streitig diskutiert;

- der Bau des zweiten Goetheanum ist keinesfalls als 'Lieblingsgedanke Rudolf Steiners' zu bezeichnen. Steiner hielt den Bau für eine Notwendigkeit, aber nur dann, wenn die Gesellschaft sich anthroposophisch habe konsolidieren können.

5.
Nach der Veröffentlichung der Vorstandserklärung vom 26.4.1925 ging der Zerfall des Vorstands unvermindert weiter. Frau Wegman sah sich im Besitz besonderer Verantwortung und folgte in vielerlei Hinsicht ihrer vorwärts drängenden Seele. Ihren Initiativen folgte gerne Elisabeth Vreede, nicht aber die auf die Errichtung des zweiten Goetheanum konzentrierten anderen Vorstandsmitglieder.

Marie Steiner sah sich mit vollem Recht als Erbin Rudolf Steiners und erfuhr sich in unerträglicher Art angegriffen, wenn das gemeinsame Testament des Ehepaares Steiner von einzelnen Mitgliedern angezweifelt wurde. Tatsächlich gab es einen Versuch zweier prominenter Stuttgarter Mitglieder (Dres. Kolisko und Stein), Marie Steiner während einer ihr aufgedrängten persönlichen Unterredung zu zwingen, die Führerschaft Ita Wegmans im Hinblick auf deren bedeutende Inkarnationen anzuerkennen.

Der Vorstand zerfiel immer deutlicher in zwei Teile. Albert Steffen unternahm einen völlig hilflosen Versuch, die Zerklüftung durch Gründung einer 'Rudolf-Steiner-Vereinigung' zu beenden. Selbstverständlich verlief diese Initiative rasch in die Nullität.

In einer der Generalversammlungen dieser Jahre sah sich Marie Steiner gezwungen, das notarielle Testament des Ehepaars Steiner aus ihrer Wohnung zu holen und in den wichtigsten Teilen vorzulesen und dazu Auszüge aus dem Brief Steiners an seine Frau vom 27.2.1925[20], vor allem folgende Sätze:

III. Nach der Weihnachtstagung. Der Tod Rudolf Steiners
Die Anthroposophische Gesellschaft bis 1935

„Wenn ich von Dir ab und zu in meinem 'Lebensgang' die Beschreibung unserer gemeinsamen Tätigkeit gelesen weiß, dann fühle ich tief, wie verbunden wir sind. Dass Karma auch andere Personen in meine Nähe bringt, ist eben Karma. Und die Krankheit hat ja jetzt gezeigt, wie dieses Karma einschneidend ist. Aber du hast dich zum Verständnis durchgerungen, das ist ein Segen für mich. Im Urteil zusammenfühlen und -denken kann ich ja doch nur mit dir..."

Es ist leicht nachzuempfinden, dass Marie Steiner das gesellschaftsöffentliche Vorlesen aus einem rein privaten Schreiben ihres Mannes an sie nur mit äußerster Überwindung möglich war.

Ita Wegman hatte sich inzwischen an die Mitglieder u. a. mit folgenden Worten gewandt:

„Als Dr. Steiner diese I. Klasse der Freien Hochschule für Geisteswissenschaft begründete, setzte er mich als Mitarbeiterin ein. Es versprachen damals die neu aufgenommenen Schüler, diejenigen Schüler, die noch keine Esoterik von früher gehabt haben, treue Mitglieder der Schule zu sein. Deshalb fühlte ich mich nach dem Tode unseres Lehrers Dr. Steiner nicht gelöst von diesen Verpflichtungen; im Gegenteil, ich empfand diese mehr denn je, da ich die Einrichtungen, die Dr. Steiner getroffen hat, als Realitäten der geistigen Welt anzusehen habe. Und so fiel mir die Aufgabe zu, die Wiederholung der von Dr. Steiner gegebenen esoterischen Stunden der Freien Hochschule für Geisteswissenschaft aufzunehmen. Und dazu konnte zu meiner großen Befriedigung in Paris der erste Schritt getan werden."[21]

Das Vorlesen des Vortragstextes und der Mantren unter Einbezug der kultischen Anteil der 'Klassenstunden' im Mai 1925 hatte Ita Wegman mit ihren Vorstandskollegen nicht abgestimmt, vielmehr diese in eine Zwangslage gebracht. Man beschloss schließlich, Lesungen aufgrund der Klassenmitschriften durch die Vorstandsmitglieder zu ermöglichen, was sich aber auf die Dauer nicht halten ließ.

Schlussendlich erreichten die teilweise noch von Rudolf Steiner benannten Länderverantwortlichen, dass sie die Texte ebenfalls erhielten und damit die Möglichkeit bekamen, zu der Lesemethode überzugehen.

Die Einzelheiten dieser Vorgänge hat Johannes Kiersch in seinem Buch: *Steiners individualisierte Esoterik einst und jetzt. Zur Entwicklung der Freien Hochschule für Geisteswissenschaft*, Dornach ²2012, dargestellt. Der Forschungsbericht von Kiersch bietet rund achtzig Jahre nach der Entstehung der Hochschule erstmals einen historisch verlässlichen Blick gerade auf die ersten Jahre nach Rudolf Steiners Tod und auf die weitere Entwicklung des Hochschulgedankens bis in die Gegenwart. Die Forschungsergebnisse von Johannes Kiersch sind unerlässlich für ein Verständnis der Geschichte der Anthroposophischen Gesellschaft.

6.

Die Mitglieder des Vorstands benötigten nur wenige Jahre, um sich derart auseinanderzuleben, dass keine Vorstandssitzungen mehr abgehalten werden konnten. Nach der oben mehrfach erwähnten sozialkundlichen Schichtenlehre ereignete sich ein allmählicher Zerfall der astralen Schicht des Zusammengehörigkeitsempfindens. Man verkehrte, wenn überhaupt, schriftlich miteinander. Unternehmungen Ita Wegmans, vorwiegend außerhalb der Schweiz, wurden schärfstens kritisiert und als gegen das Goetheanum gerichtet empfunden. Frau Wegmans Versuch, nach Rudolf Steiners Tod eigene 'Leitsätze' oder 'Briefe an die Mitglieder' zu formulieren und zu veröffentlichen, wurde ihr als Anmaßung ausgelegt. In einer Verlautbarung 'An die Mitglieder' versuchte sich Ita Wegman zu rechtfertigen. Der ausschnittweise wiedergegebene Text zeigt, wie weit die Desintegration bereits fortgeschritten war:[22]

> „Mit den Leitsätzen, die ich im Sinne Dr. Steiners führen wollte, wurden bei den Mitgliedern dreierlei Stimmungen aufgeweckt: Eine stark positive Bejahung, die von allen Seiten sich kundgab, eine freudige, zuversichtliche Stimmung, die vertrauensvoll dem Vorstand sich zuwendete, bereit, mitzuhelfen, mitzutragen die ungeheuren Aufgaben, welche dem Vorstand zugefallen waren nach dem Tode des geliebten Meisters und Führers; zweitens eine negative Einstellung einer kleinen Gruppe von Menschen, die voller Skepsis sich demjenigen entgegenstellten, was mutvoll vorwärts gehen wollte; drittens eine noch kleinere Gruppe, die anfing zu schimpfen, unflätig zu schimpfen, Persönlichkeiten beschimpfend, dabei ganz und gar vergessend die hehre Persönlichkeit Rudolf Steiners, der wohl wusste, was er tat, als er die Mitglieder des Vorstands in ihre verschiedenen Funktionen einsetzte, ihn dadurch angreifend, weil sie zweifelten an seiner Einsicht."[23]

Der in Original etwa viermal so lange Text lässt erkennen, in welchem Umfange der Vorstand bereits uneins war. Wie der weiter oben zitierte Text zeigt, bezeichnet Ita Wegman den gedruckten oder in Maschinenschrift übertragenen Text von Steiners internen Vorträgen ganz unbefangen und gegenständlich als Esoterik. Die seit Platons Dialog *Phaidros* in Europa bekannte Unterscheidung zwischen mündlichen Lehren und geschriebenen Texten scheint in dem kurzen Zeitraum nach des Esoterikers Tod in Vergessenheit geraten zu sein. Folgewirkungen dieses Absturzes beschäftigen die Anthroposophische Gesellschaft bis in die Gegenwart.

7.
1934, neun Jahre nach Rudolf Steiners Tod, legten 'Vereinigte freie Gruppen', vor allem in Deutschland und in Holland, zur Generalversammlung dieses Jahres eine 'Willenserklärung' vor, in welcher organisatorische Umstellungen verlangt wurden, die den Gesprächsstand in der Gesellschaft reflektieren und die Machtstellung des faktischen Dreiervorstands am Goetheanum (Albert Steffen, Marie Steiner, Günther Wachsmuth) einschränken sollten. Vordergründig ging es um das Recht, die Mitgliedskarten neu eingetretener Mitglieder zu unterzeichnen. Die Konzentration von Vereinsstreitigkeiten auf eine Büroangelegenheit ist im Vereinswesen nicht unbekannt. Wie zu erwarten war, wurden die Anträge der Unterzeichner der 'Willenserklärung' von der Generalversammlung abgelehnt.

Etwa zeitgleich erarbeitete eine Gruppe prominenter Mitglieder aus dem Umkreis des Dreiervorstands eine umfangreiche 'Denkschrift', in welcher die angeblichen Verfehlungen der Mitglieder der 'Vereinigten freien Gruppen' aufgelistet wurden. Die 'Denkschrift' ist in weiten Teilen eine Schmähschrift, die in bestürzender Weise die menschlichen und sozialen Bruchstellen in der Gesellschaft widerspiegelten. Von der Stimmungseinheit in der Mitgliedschaft war – unbeschadet der noch immer zitierten 'Weihnachtstagung' – kaum etwas übrig geblieben.

8.
Ein Jahr später, 1935, lagen der Generalversammlung folgende Anträge vor (Auszug):

- Frau Dr. Wegman und Frl. Dr. Elisabeth Vreede werden als Vorstandsmitglieder der Allgemeinen Anthroposophischen Gesellschaft abberufen.

- Die Gründer und Vertreter der sogenannten 'Vereinigten Freien Anthroposophischen Gruppen' haben aufgehört, Mitglieder der Allgemeinen Anthroposophischen Gesellschaft zu sein.
- Die Generalversammlung bittet den Vorstand, Landesgesellschaften und Gruppen, die sich zu den sogenannten 'Vereinigten Freien Anthroposophischen Gruppen' zusammengeschlossen haben, nicht mehr als Teile der Allgemeinen Anthroposophischen Gesellschaft anzuerkennen, ohne dadurch einzelnen Angehörigen einer solchen Gruppe die Mitgliedschaft zu entziehen.[23]

Im Mitteilungsblatt *Was in der Anthroposophischen Gesellschaft vorgeht*, 12. Jahrgang Nr. 19, wurde über die Generalversammlung berichtet. Zuerst wurde eine lange Erklärung Albert Steffens abgedruckt, in der es vor allem um das Recht des Vorsitzenden ging, Mitgliedskarten zu unterzeichnen. In diesem Zusammenhang zitierte Steffen eine Bemerkung von Ernst Lehrs, einem damals bekannten Vertreter der Jugendgruppen. Die Bemerkung lautete, der Name der Dornacher Gesellschaft, also 'Allgemeine Anthroposophische Gesellschaft', sei Maya. Das Zitat war von Steffen distanzierend gegen Lehrs gemeint. In der Atmosphäre dieser Generalversammlung könnte es sich aber um eine spontane Erkenntnis von Lehrs gehandelt haben. Gegen Ende seiner – im Mitteilungsblatt wiedergegebenen – Ansprache platzierte Steffen eine durchaus wirkungsvolle Erpressung: Er erklärte – angeblich aus Liebe zur Anthroposophie –:

„Entweder betrachten Sie mich als ausgeschlossen als Vorsitzenden oder Sie betrachten eben dasjenige, was damals geschehen ist, als einen Selbstausschluss jener Persönlichkeiten."

Mit dem Hinweis auf „dasjenige, was damals geschehen ist" bezog sich Steffen auf die oben erwähnte 'Denkschrift'.

Nach dem Kassenbericht und nach einigen Wortmeldungen erfolgte – am 14.4.1935 – eine längere Rede von Ludwig Graf Poltzer-Hoditz. Die Rede wurde im Mitteilungsblatt nur kurz referiert, sie wurde aber später, gegen den Widerstand des amtierenden Dornacher Vorstands, in vollem Wortlaut veröffentlicht.[24] Einzelne Teile der Rede werden hier wiedergegeben:

„Schon bald nach dem Tode Rudolf Steiners erkannte ich aus unmittelbarer Anschauung, dass ein wirklicher Verständigungswille, mit Frau Dr. Wegman zu arbeiten, nicht vorhanden war, dass weder von Frau Dr. Steiner noch von Herrn Steffen eine solche Zusammenarbeit ernstlich für möglich gehalten wurde ... Die Gesellschaft, welche in den Dienst der Esoterik gestellt wurde, verlor durch den Streit immer mehr ihren esoterischen Charakter. Es drohte die Gefahr, dass sie immer mehr zu einer ganz äußerlichen wurde, trotz Betonung und Formung eines ganz neuen dogmatischen Begriffs von Esoterik ... Nicht nur Frau Dr. Steiner, sondern auch Frau Dr. Wegman steht mit Rudolf Steiner in einem großen Schicksale, welches mit allen Lasten und Leiden getragen werden muss ... Nun muss ich mich auch gegen das Gerede von der alten und der neuen Esoterik wenden ... Die durch Jahre gehenden unerhörten moralischen Verleumdungen, die besonders gegen Frau Dr. Wegman in öffentlichen Versammlungen und gedruckten Broschüren geschehen sind, muss ich als gegen Rudolf Steiners Willen gerichtet zurückweisen. Es scheint zuweilen fast so, ... als wenn sich ein versteckter, meist wohl unbewusster Groll gegen die letzten Jahre Rudolf Steiners selbst bemerkbar mache, dessen Opfer besonders Frau Dr. Wegman ist ... Aus dem bisher Gesagten ergibt sich für mich die Notwendigkeit, die Anträge der Arbeitsgemeinschaft der Mitarbeiter am Goetheanum abzulehnen. Es ist mir eine Unmöglichkeit, einem Teil des zerfallenen

Vorstandes das Recht einzuräumen, alle Schuld auf den anderen Teil zu schieben ... Sehen wir hin auf dasjenige, was seit zehn Jahren sich in der Geschichte der Gesellschaft abspielte ... Rudolf Steiner wird nicht sprechen, wenn Frau Dr. Wegman und Dr. Vreede ausgeschaltet werden. Nach zehnjährigem Streit im Vorstand und in der Gesellschaft kann niemals durch Ausschluss eines so großen Teiles von Mitgliedern ... der Anthroposophie genützt werden."

Nach der Rede des Grafen und nach einer weiteren Diskussion wurde den von etwa vierzig Mitgliedern persönlich unterzeichneten Anträgen I. bis III. von der Generalversammlung mit großer Mehrheit zugestimmt. Die Abberufungen und Ausschlüsse konnten nun vom Restvorstand unverzüglich vollzogen werden, was dann auch geschah.[25]

Die Generalversammlung des Jahres 1948 hat dann die Beschlüsse von 1935 „bezüglich der Zugehörigkeit zur Allgemeinen Anthroposophischen Gesellschaft aufgehoben. Jeder, der sich der Gesellschaft wieder anschließen wolle, werde begrüßt."[26]

Ita Wegman war inzwischen am 4. März 1943 im siebenundsechzigsten Lebensjahr gestorben. Elisabeth Vreede starb etwas später im selben Jahr.

Die im sog. Konstitutionsstreit der Jahre um die Jahrtausendwende 2000 immer wieder artikulierten Bekenntnisse zur 'Weihnachtstagung' erscheinen allein schon wegen der Bruchstelle 1934/35 als gegenstandslos. Welche moralischen Intuitionen könnten die Verantwortlichen jener Jahre geleitet haben? Der situative ethische Idealismus, auf den Rudolf Steiner immer wieder aufmerksam gemacht hatte, war wie ausgelöscht. Es ist mit einer Brutalität verfahren worden, die man den Verantwortlichen nicht zugetraut hätte. Allerdings hat auch Ita Wegmann ihre Möglichkeiten schwer überschätzt und hat sich keineswegs nur im Urnenstreit schuldig gemacht. Das gerade von ihr häufig benützte Wort von den 'Einsetzungen' hat sich als fatal erwiesen.

9.
Die Gesellschaftskatastrophe von 1934/35 ereignete sich in einer Zeitspanne, in welcher in Deutschlands bereits das NS-Regime an die Macht gekommen war. Mancher Betrachter der Dornacher Vorgänge verwies auf dieses zeitliche Zusammentreffen und auf die Wehr- und Orientierungslosigkeit des Dornacher Führungspersonals.

Überblickt man die Jahre von 1925, dem Todesjahr Rudolf Steiners, bis 1935, so kann man nicht umhin, die Kette von Konflikten, die sich noch weitere achtzig Jahre fortsetzen sollte, als eine Kette von Symptomen im Sinne von Rudolf Steiners Idee einer geschichtlichen 'Symptomatologie' zu begreifen: eine Symptomenkette, aber wovon? Diese Frage geht auf einen bisher ungeschriebenen Sonder- oder Tiefentext zurück, welcher der Symptomenreihe zugrundeliegt.

Anmerkungen zu Kapitel III:

1) *Die Weihnachtstagung zur Begründung der Allgemeinen Anthroposophischen Gıesellschaft*, GA 260. Vgl. Günter Röschert: 'Das Konstitutionsproblem und die geistige Lage der Anthroposophischen Gesellschaft', in: *Sonderheft zur Konstitutionsfrage*, Nr. 4 Oktober 2002.
2) Rudolf Steiner: 'Brief an die Mitglieder vom 20.1.1924', in: GA 260a *Die Konstitution...*
3) Rudolf Steiner: *Mysterienstätten des Mittelalters. Rosenkreuzertum und modernes Einweihungsprinzip*, GA 233a
4) Rudolf Steiner: *Anthroposophie – Eine Zusammenfassung nach 21 Jahren*, GA 234

5) Rudolf Steiner: *Esoterische Betrachtungen karmischer Zusammenhänge*, sechs Bände GA 235-240
6) Rudolf Steiner: *Esoterische Unterweisungen für die erste Klasse der Freien Hochschule für Geisteswissenschaft*, GA 270 I – IV
7) Rudolf Steiner: *Das Initiaten-Bewusstsein,* GA 243
8) J. E. Zeylmans van Emmichoven: *Wer war Ita Wegman. Eine Dokumentation,* Band 1. 1876-1925, S. 174
9) Es handelt sich um 'Idola theatri' nach Francis Bacon of Verulam, *Neues Organon*
10) Unter 'anthroposophischer Bewegung' verstand Rudolf Steiner sich selbst, die leitenden geistigen Wesenheiten, verstorbene und lebende engste Mitarbeiter.
11) Rudolf Steiner/Marie Steiner: *Briefwechsel 1901-1925,* GA 282, Brief 199
12) Anm. 8 Bände 1-4, 1990 – 2009
13) Später wurden ohne nähere Begründung Ursachen dieser Verspätung genannt, die Ita Wegman schwer belasten müssten.
14) Günter Röschert: 'Die Todeskrankheit Rudolf Steiners', in: *Jahrbuch für anthroposophische Kritik* 1998, S.204
15) Heft 18/19 der Albert Steffen Stiftung, Dornach 2003/04
16) Die Vorgänge unmittelbar nach Rudolf Steiners Tod beschreibt Erdmuth Grosse in: *Die Rätsel des Urvorstandes*, Dornach 2007
17) Anm. 16, S.144
18) Anm. 16, S.147
19) *Was in der Anthroposophischen Gesellschaft vorgeht,* vom 26.4.1925. Anm. 16, S.151
20) Anm. 11 Brief 229
21) *Was in der Anthroposophischen Gesellschaft vorgeht,* 2. Jg. Nr. 24
22) *Was in der Anthroposophischen Gesellschaft vorgeht* vom 28.6. 1925
23) *Was in der Anthroposophischen Gesellschaft vorgeht,* 12. Jg. Nr. 11/12
24) Anm. 8 Band 3
25) Erdmuth Grosse: *Die Rätsel des Urvorstandes,* Anm. 16
26) Anm. 25

IV.
Der Nachlasskonflikt

1.

Nach zehnjährigem Bestehen als einfache Vereinigung (1913 bis 1923) formierte sich die Anthroposophische Gesellschaft neu durch die Gründungsversammlung Weihnachten 1923/24. Die Gesellschaft erhielt ein rechtliches Profil, denn sie sollte als juristische Person in das schweizerische Handelsregister eingetragen werden. Das Tagungsgeschehen mit der Bestellung des Vorstands und der Zustimmung der Versammlung zu den vorgeschlagenen Statuten verlief störungsfrei, aber dann – nach dem Abschluss der Tagung am 1. Januar 1924 – entstanden Schwierigkeiten bei der beabsichtigten Eintragung in das Handelsregister. Was nun geschah, ist nicht mehr eindeutig belegt, weder durch Dokumente noch durch verlässliche Zeugenaussagen. Es entstand nach über einjährigen Verhandlungen das Problem des *8. Februar 1925*, dessen Deutung bis heute kontrovers diskutiert wird.

Der seit vielen Jahren eingetragene Goetheanum-Bauverein änderte in einer Mitgliederversammlung seinen Namen in 'Allgemeine Anthroposophische Gesellschaft' und berichtigte seine Satzung, so weit für erforderlich gehalten. Rudolf Steiner konnte an der Versammlung krankheitshalber nicht teilnehmen.

Durch eine Vorstandsmitteilung vom 22.3.1925 – wenige Tage vor dem Tod Rudolf Steiners – und durch den nur schwer rekonstruierbaren Verlauf einer Generalversammlung vom 29.12.1925 wurde bei den Mitgliedern der Eindruck hervorgerufen, sie seien noch immer Mitglieder der Allgemeinen Anthroposophischen Gesellschaft der 'Weihnachtstagung'.[1]

Ob die Verantwortlichen, in erster Linie die allerdings nicht mehr in Einklang befindlichen Vorstandsmitglieder, meinten, es gäbe seit dem 8. Februar 1925 zwei Gesellschaften gleichen Namens, den umbenannten Bauverein und die Gesellschaft der Gründungstagung, lässt sich bis heute nicht mehr entscheiden. Ebenso unklar blieb, ob sich die Mitgleder dessen bewusst waren, dass das Gesellschaftsleben rechtlich nicht mehr den Statuten der Gründungstagung zu folgen hatte, sondern – jedenfalls in einigen wichtigen Bestimmungen (Wahl des Vorstands, Ausschluss von Mitgliedern) der ehemaligen Bauvereins-Satzung. Die Statuten der 'Weihnachtstagung' waren jedenfalls mit Ablauf des 8. Februar 1925 rechtlich gegenstandslos geworden; sie besaßen nurmehr Erinnerungswert. Die jedenfalls gültigen, inzwischen auch in das Handelsregister eingetragenen Statuten des ehemaligen Bauvereins wurden den Mitgliedern erst Jahre später bekannt gegeben.

Die Federführung bei allen diesen Vorgängen lag bei dem Vorstandsmitglied Günther Wachsmuth. Dieser schützte sich gegen besorgte Anfragen mit der Auskunft, jeder einzelne Schritt sei (bis 30.3.1925!) mit Rudolf Steiner abgesprochen worden.

Die Situation der zwei Statuten besteht – mit einzelnen Modifikationen – bis heute.

Vordergründig können die Manipulationen vom 8. Februar 1925 als zu vernachlässigende Formsache betrachtet werden; diese Sichtweise liegt aber neben der Sache, denn das Rechtsleben ist nur äußerlich Formalität, vielmehr – in erster Linie – Friedensordnung unter Gleichen. Für die Allgemeine Anthroposophische Gesellschaft bedeutet der 8. Februar 1925 eine Unterbrechung ihrer Identität mit einer sich daraus ergebenden Eintrübung des gesellschaftlichen Selbstbewusstseins.[2] Die vom Vorstand verbreitete Botschaft, alles verlaufe im Sinne Rudolf Steiners und nach den Idealen der Weihnachtstagung, verhinderte eine Mitgliedereinsicht in die durchaus zweifelhafte Gesellschaftssituation nach Rudolf Steiners Tod.

2.

Die von Rudolf Steiner mühsam bekämpften Spaltungstendenzen in der Anthroposophischen Gesellschaft überdauerten die Gründungstagung; sie tauchten verstärkt wieder auf in den Ausschluss-Generalversammlungen von 1934 und 1935. Die oben bereits erwähnte 'Willenserklärung' von 1934 ist ein Dokument gewünschter Spaltung, welches nicht anders als mit Ausschluss enden konnte. Mit dem dann folgenden Ausschluss-Beschluss von 1935 ist eine Abkehr von der eigentlich ersehnten Integrationswirkung der 'Weihnachtstagung' verbunden.

Die Spaltung erfasste alle vier Schichten des Gesellschaftslebens:

- Durch den Ausschluss von Ita Wegmans Freunden und Unterstützern und durch den fast vollständigen Ausschluss von zwei wichtigen Landesgesellschaften trat ein beachtlicher Mitgliederschwund ein, dies am Vorabend des Verbots der Anthroposophischen Gesellschaft in Deutschland.
- Die gesellschaftliche Organisation befand sich in den Anfangszuständen einer Vorstandsdiktatur. Die sich allmählich formierende Alleinherrschaft des Goetheanum-Dreier-Vorstands wurde unterstützt durch das Idol des 'esoterischen Vorstands', beschränkt auf Albert Steffen, Marie Steiner, Günther Wachsmuth.
- Die astralische Ebene der Gesellschaft wurde schwer belastet durch die Zerstörung des Zusammengehörigkeitsgefühls. Diese für alle Beteiligten bedrückende Erfahrung wurde versucht zu kompensieren durch ideologische Deutungen der Gesellschaftsgeschichte, z. B. durch die Treue der richtig Denkenden zur 'Weihnachtstagung', durch die exklusiv gedachte Verehrung für den großen Eingeweihten Rudolf Steiner und durch die Hoffnung auf eine Kulmination der anthroposophischen Wirksamkeit am Jahrhundertende.
- Arbeitete die Anthroposophische Gesellschaft an einem gemeinsamen Projekt, stellte sie sich einer anerkannten Auf-

gabe für das 20. Jahrhundert? Besaß die Gesellschaft geistiges Sein aus eigener Kraft oder stützte sie sich auf geborgte Realität? Die Frage Rudolf Steiners von 1923 nach einem Gesellschafts-Ich wäre 1935 zu verneinen gewesen, denn die Gewohnheit gewordenen retrospektiven Sichtweisen 1924 und danach garantierten keinesfalls geistige Realität.

3.
Nach der Generalversammlung von 1935 nahm ein in Tallin lebender gebürtiger Este, Valentin Tomberg, Kontakt auf zu Elisabeth Vreede, die damals für die 'Vereinigten freien anthroposophischen Gruppen' wirkte und den Informationsaustausch zwischen den Ausgeschlossenen sicherstellte. Tomberg, der in Estland ein Gesellschaftsamt innehatte, war mit Marie Steiner in Kontakt getreten und konnte auch Dornach besuchen. Ab 1933 begann Tomberg eigene – als anthroposophisch bezeichnete – Forschungsergebnisse zu veröffentlichen. Dies veranlasste Marie Steiner, den Kontakt zu Tomberg abzubrechen. Die (veröffentlichten) Forschungen Tombergs seien „überheblich und wahnbefangen".

Valentin Tomberg verließ Estland und wandte sich zuerst nach Holland, dann nach Deutschland. Die Anthroposophische Gesellschaft verließ er 1937 auf Wunsch eines holländischen Funktionärs. Seit 1944 lebte Tomberg mit seiner Familie in Deutschland und ab 1948 in England. Dort entstand sein Hauptwerk über die Esoterik des Tarot.[3]

Abgesehen von der weiterwirkenden Bedeutung seiner Schriften ist die Begegnung Valentin Tombergs mit der Anthroposophischen Gesellschaft ein Beleg dafür, dass in der Gesellschaft Rudolf Steiners eine selbstständige Geistesforschung auf der Grundlage des Buches *Wie erlangt man Erkenntnisse der höheren Welten?* in der Mitte des 20. Jahrhunderts als unerwünscht behandelt wurde.

4.

In der Logik der sozialen Entwicklung begann nun ab etwa 1940 der Dreiervorstand am Goetheanum (Albert Steffen, Marie Steiner, Günther Wachsmuth) zu zerfallen. Steffen, der von Rudolf Steiner verpflichtend gebeten worden war, nach seinem (Steiners) Tod Marie Steiner zur Seite zu stehen, begann, von sich selbst immer größer zu denken. Schließlich ließ er die Generalversammlung darüber abstimmen, ob die Mitglieder einen 'Verwaltungsvorstand' wünschten. Diese (unechte) Frage wurde erwartungsgemäß verneint, was Steffen umgekehrt als Bestätigung seines 'esoterischen' Vorsitzenden-Ranges wertete. Es kam zu empfindlichen Zwischenfällen in Zuständigkeitsfragen. Einem Friedensappell Marie Steiners von 1942 antwortete das Goetheanum mit Schweigen.

Marie Steiner versuchte, sich nun Gewissheit über ihre Situation zu verschaffen. Sie sah sich als Alleinerbin des Nachlasses ihres verstorbenen Ehemannes, selbst in hohem Alter stehend (geb. 1867). Wer sollte sie beerben?

Da sie gegenüber ihren beiden Vorstandskollegen das Vertrauen verloren hatte und man nurmehr schriftlich miteinander verkehrte, gründete sie 1943 den 'Verein zur Verwaltung des literarischen und künstlerischen Nachlasses von Dr. Rudolf Steiner', den sie als ihren Alleinerben bestimmte mit dem Auftrag, das Werk Rudolf Steiners in einer Gesamtausgabe zusammenzufassen. Als sie diese Maßnahme dann Albert Steffen und Günther Wachsmuth, wie sie selbst Vorstandsmitglieder der ersten Stunde, mitteilte, verursachte sie Aufregung und Entsetzen. Es entstanden in kürzester Zeit die dann Jahrzehnte wirksamen Goetheanum-Sprachregelungen:

- Der 'Nachlassverein' stehe außerhalb der Anthroposophischen Gesellschaft und könne daher nicht 'anerkannt' werden.

- Alle Rechte am Nachlass Rudolf Steiners stünden der Gesellschaft zu, als Folge der 'Weihnachtstagung' (!). Marie Steiner könne daher gar nicht testieren.

Die Generalversammlung des Jahres 1947 gelangte zu einer umfassenden Vertrauenserklärung für den nicht anwesenden Albert Steffen. Dieser teilte einen Monat später mit, eine Zusammenarbeit mit Frau Steiner sei ihm nun nicht mehr möglich; die Mitarbeiter der von Marie Steiner geleiteten Sektion der Freien Hochschule entband er von ihren Treuepflichten.

Marie Steiner verließ Dornach und verbrachte ihre letzte Lebenszeit in Beatenberg am Thuner See; bis in ihre letzten Lebenswochen arbeitete sie konzentriert am Nachlass Rudolf Steiners.

Am 27. Dezember 1948 starb Marie Steiner. In einem ihrer letzten Briefe schrieb sie:

„Ich selbst habe nicht das Gefühl, dass noch etwas zu retten ist. Die Würde der Gesellschaft jedenfalls nicht mehr, auch nicht der Gedanke der Einheit der Gesellschaft. Aber in der anthroposophischen Bewegung liegen Kräfte, die zu einer Auferstehung führen werden."[4]

5.
Mit dem Hingang Marie Steiners, dreiundzwanzig Jahre nach Rudolf Steiners Tod, erwuchs ihr Testament in Rechtskraft. Der Nachlassverein als Alleinerbe wandte sich an den Vorstand der Anthroposophischen Gesellschaft und bot Zusammenarbeit mit dem Philosophisch-Anthroposophischen Verlag an. Der Vorstand ging nicht darauf ein. Er begann vielmehr, ohne den Kontakt zum Nachlassverein aufgenommen zu haben, Bücher Rudolf Steiners im eigenen, dem Philosophisch-Anthroposophischen Verlag zu produzieren und zum Kauf anzubieten. Der Nachlassverein sah sich genötigt, wollte er nicht gegen den Auftrag Marie Steiners verstoßen, auf

diese Provokation zu reagieren. Er legte Klage beim kantonalen Obergericht in Solothurn ein, um Marie Steiners Testament zu schützen.

Aus Mitgliederkreisen wurde nun mehrfach versucht, eine außergerichtliche Einigung zu erreichen, aber vergebens. Albert Steffen erklärte, Marie Steiner habe ihm ihr Vertrauen aufgrund eines Irrtums ihrerseits entzogen, deshalb könne er den Nachlassverein nicht anerkennen.[5] Niemand war in der Lage, Steffen von dieser starren, rein persönlich motivierten Haltung abzubringen.

Am 17.6.1952 verkündete das Solothurner Gericht sein Urteil: Marie Steiners Testament wurde bestätigt, die Widerklage der Anthroposophischen Gesellschaft kostenpflichtig abgewiesen. In der Urteilsbegründung bemerkte das Gericht, ein von der Anthroposophischen Gesellschaft behauptetes 'Mysterienrecht' gelte nicht in der Schweiz.

Steffen und Wachsmuth wagten nicht, mit ihren von vornherein moralisch und rechtlich verfehlten Anliegen auch noch das Bundesgericht in Lausanne zu behelligen; es fiel ihnen aber eine besonders perfide Gegenmaßnahme ein: Der inzwischen personell ergänzte Vorstand verbot die Aufnahme der vom Nachlassverein im eigenen Verlag herausgebrachten Werke Rudolf Steiners in den Goetheanum Bücherverkauf. Die Bücher durften nicht vorgehalten und in den Gesellschafts-Zeitschriften nicht beworben werden. Der einstmals von Marie Steiner gegründete Philosophisch-Anthroposophische Verlag am Goetheanum – inzwischen im Eigentum der Gesellschaft – erhielt Order, Anfragen nach Büchern Rudolf Steiners dahin zu bescheiden, dass die gewünschten Bücher vergriffen seien.

Die Büchersperre wurde mehr als fünfzehn Jahre aufrechterhalten, zunächst bis zu Albert Steffens Tod am 13.7.1963 und dann auch noch darüber hinaus.

Noch heute soll es Gesellschaftsmitglieder geben, die Albert Steffen für einen Nachfolger Rudolf Steiners und großen Vorsitzenden in schweren Zeiten halten.

6.
Nach dem Tod Albert Steffens wagte der amtierende Goetheanum-Vorstand, sich an die Beseitigung des Bücherboykotts zu machen. Zunächst fanden Gespräche mit der Nachlassverwaltung statt, die aber zu keinem Ergebnis führten. Bei der Generalversammlung 1965 – am 17.4.1965 – berichtete der damalige Vorsitzende Hermann Poppelbaum über die Gespräche und verlas eine 'Erklärung zur Bücherfrage', die u. a. folgende Sätze enthielt:

> „Die in den Prinzipien veranlagte Durchdringung von Hochschule und Herausgabe des Werks ist durch die Begründung des Nachlassvereins getrennt worden. Dieser Trennung stellt der Vorstand aus eigener Initiative einen heilenden Impuls entgegen. Die Bücher, welche ja doch die Geistesforschung Rudolf Steiners enthalten, nimmt er gerade wegen des damit verbundenen schweren Schicksals in seine tiefste Sorge, die Tragik des Schicksals so bejahend."[6]

Der Vollzug der ausgiebig mit dem Karmabegriff operierenden Erklärung ließ dann auf sich warten. Drei Jahre später berichtete der neue Vorsitzende Rudolf Grosse über 'Bemühungen zur Lösung der Bücherfrage'.[7] Auch er operierte mit dem Karmabegriff, berichtete dann aber, man sei im Vorstande bei dem 'wirklichkeitsgemäßen Denken' angelangt. Um dieses in seinen Ergebnissen zu rechtfertigen, zitierte Grosse aus einer Vortragsreihe Rudolf Steiners von 1917[8] wie folgt:

> „Wenn man konkret nach einer Richtung der Vollkommenheit strebt, so schlägt nach einiger Zeit dieses Vollkommenheitsstreben um und wird zur Unvollkommen-

heitswirklichkeit ... Und realisieren Sie welches Recht sie wollen ... im Laufe der Zeit wird es zum Unrecht. Es gibt nichts Absolutes auf dieser Welt."

Diese anscheinend neu aufgefundenen Bemerkungen Rudolf Steiners hätten nach Grosse jetzt im Vorstand eine nachhaltige Besinnung bewirkt. Am 9.1.1968 habe sich der Vorstand – gegen die Stimme des Vorstandsmitglieds Herbert Witzenmann – dazu entschlossen, die Bücher Rudolf Steiners ab sofort in den Bücherverkauf am Goetheanum aufzunehmen.

Herbert Witzenmann nun, der sehr wohl wusste, dass er sich mit seinem abweichenden Votum in eine unsichere Randposition im Vorstand gebracht hatte, erhielt Gelegenheit, seine Auffassung in der Wochenschrift (Beilage) darzustellen.[9]

Die Begründung Herbert Witzenmanns erscheint heute, aus einem Abstand von einem halben Jahrhundert, als Beispiel eben jenes wirklichkeitsfremden Denkens, vor dem Rudolf Steiner 1923 eindringlich gewarnt hatte. Witzenmann, allgemein anerkannt als Verfasser qualifizierter erkenntniswissenschaftlicher Werke, redete in der Büchersache über gewisse Ableitungen aus Rudolf Steiners Organisationsentscheidungen von 1923/24. Mit keinem einzigen Wort seines Rechtfertigungsaufsatzes befasste sich Witzenmann mit sachgerechten, aus der moralischen Phantasie erwachsenen Intuitionen, das heißt mit möglichen 'Schöpfungen aus dem Nichts'.

Als bereits zwei Drittel des Jahrhunderts verstrichen waren, und auch noch in weiteren Jahren, wurde im Bücherstreit von der Treue zum Eingeweihten und von seinen Regelungen und Einsetzungen gesprochen, aber nichts von den eigentlich aufgegebenen originalen, situationsgerechten Entscheidungen und wie man zu solchen kommt.[10]

IV. Der Nachlasskonflikt

Der Widerstand Herbert Witzenmanns und seiner zahlreichen Anhänger gegen die Testamente Rudolf Steiners und Marie Steiners war insgesamt unbegründet und gegen eine der zentralen Lebensbedingungen der Anthroposophischen Gesellschaft gerichtet: Orientierung an Wahrheit und Tatsächlichkeit.[11]

Um Witzenmann sammelte sich eine beträchtliche Anhängerschaft, eine eigene Zeitschrift und ein Verlag kamen hinzu. Noch heute gibt es Nachbeben aus den einstigen heftigen geistigen Auseinandersetzungen. Als in einer der Generalversammlungen jener Jahre sich abzeichnete, dass die anwesenden Mitglieder eine bestimmte Würdigung Herbert Witzenmanns beschließen könnten, teilte der Versammlungsleiter, das damalige Vorstandsmitglied Dr. iur. Werner Berger, der Versammlung mit, sie könne einen solchen Beschluss schon fassen, aber der Vorstand werde ihn nicht vollziehen. Dieser Vorgang ist lehrreich hinsichtlich der Stellung der Generalversammlungen in der Anthroposophischen Gesellschaft. Der Vorstand war es seit 1925 gewohnt, die Generalversammlung manipulieren zu können. Vom Vorstand nicht gewünschte Mehrheitsentscheidungen der Generalversammlung durfte es nicht geben. Der Vorstand erneuerte sich nur durch Kooptation, also autonom. Der Generalversammlung kam nur zu, die Selbsterneuerung des Vorstands zu bestätigen. So blieb es bis in die jüngste Zeit. Da sich der Vorstand bis in die letzten Jahre des Jahrhunderts für 'esoterisch' hielt, konnte er durch Jahrzehnte die Generalversammlungen erfolgreich steuern.

7.
Während der Generalversammlung 1968, in welcher der Bücherbeschluss des Vorstands vom Januar desselben Jahres mitgeteilt wurde, befasste sich der Vorsitzende, Rudolf

1968 Möglichkeiten der Einsicht

IV. DER NACHLASSKONFLIKT

Grosse, mit einigen tatsächlichen Eckpunkten der Gesellschaftsgeschichte: Die Zuhörer erfuhren, dass Marie Steiner kurz vor ihrem Tod einem ihrer engsten Mitarbeiter gesagt habe, der Ausschluss bzw. die Abberufungen von 1935 seien ein Fehler gewesen. Albert Steffen, ebenfalls schon in Todesnähe, habe im engsten Kreis gesagt, der Nachlassprozess hätte nicht 'gemacht' werden dürfen.

Das waren späte persönliche Einsichten, die den Schaden am Gesellschaftsleben aber nicht mehr auszugleichen vermochten.

Grosse kam bei dieser Gelegenheit dann noch zu weiteren geschichtsrelevanten Bemerkungen, zunächst durch ein Zitat aus Rudolf Steiners Mysteriendrama *Die Prüfung der Seele*. Benediktus spricht:

- Die Brüder „können sich ... auf jene Worte stützen, die ich im Erdensein gesprochen. Sie ahnen nicht, dass diese Worte sich lebend nur erzeugen können, wenn sie im rechten Sinne fortgebildet werden von Jenen, welche meiner Arbeit Folger sind."

Aus Albert Steffens Drama *Alexanders Wandlung* entnahm Grosse folgende Worte des Aristoteles:

- „Sie hangen immer noch der Lehre an, die sie von mir, dem Lebenden gehört; den Toten können sie noch nicht vernehmen ... Der Lehrer spricht nach seinem Tode anders."

Es wäre gewiss im Bereich des Möglichen gewesen, aus diesen Mahnungen der Vergangenheit Konsequenzen zu ziehen für den Kurs der Anthroposophischen Gesellschaft der folgenden Jahrzehnte.

Doch es kam anders.

8.
Anfang des Jahres 1968 war sich Rudolf Grosse sicher, die Bücherfrage gelöst zu haben, wenn auch im Streit mit seinem Vorstandskollegen Herbert Witzenmann. Diese Sicherheit leitete sich nach Grosse ab aus der 'Unantastbarkeit und Stärke des Goetheanum', die sich bei der Jahrhundertfeier für Rudolf Steiner im Jahre 1961 'geoffenbart' hätten.

Acht Jahre später, 1979, erschien Grosses Buch *Die Weihnachtstagung als Zeitenwende*, eine Publikation der Freien Hochschule für Geisteswissenschaft. Das Buch umschreibt den Ursprungsmythos der Anthroposophischen Gesellschaft, die Gründungstagung von Weihnachten 1923/24, als fortdauernde Rechtfertigung des gesellschaftlichen Bestehens. Am letzten Tag der Versammlung, am 1. Januar 1924, habe Rudolf Steiner von einem 'Welten-Zeitenwende-Anfang' gesprochen, der durch die Tagung gesetzt worden sei. Mit dieser herausragenden Formulierung habe Steiner die Tagung in eine Parallele gebracht zu der Menschwerdung des Christus in der 'ersten Zeitenwende'.[12] Die bei der Tagung Anwesenden hätten „in ihrem Innersten" einen „unverbrüchlichen Treueschwur Rudolf Steiner und dem Goetheanum gegenüber" abgelegt. „Diese Willensentschlossenheit war so unbedingt, dass sie auch in ein nächstes Erdenleben wie ein esoterischer Leitstern zu leuchten und zu wirken vermag."[13]

Woher wusste Rudolf Grosse so etwas und sogar prophetisch für künftige Erdenleben?

Grosse fuhr fort: Rudolf Steiner habe den neuen Vorstand als Initiativ-Organ, als „esoterischen Vorstand" gebildet, der fortwährend in „Übereinstimmung mit der geistigen Welt" arbeiten werde. Es sei Rudolf Steiner darum gegangen, das „größte Geistes-Konzil der Menschheit mit seinen unermesslichen Wirkungen bis weit hinauf in die Höhen der geistigen Welt und in ferne Zukunft zu vollenden: Die Weihnachtstagung in Dornach..."¹⁴

Grosse, der selbst nicht an der Tagung teilgenommen hatte, wusste wohl, dass Marie Steiner die Tagung grundlegend anders beurteilt hatte, nämlich als Fehlschlag und als Mitursache für Rudolf Steiners frühen Tod. Steiner, ihr Ehemann, habe mit der Tagung „unser Karma" auf sich genommen. Es ist nicht ohne Bedeutung, dass Ita Wegman in einem Erinnerungsaufsatz einen ähnlichen Gedanken äußerte: „Rudolf Steiner nahm in der Weihnachtstagung das Karma der Anthroposophiscnen Gesellschaft in sein Karma auf."¹⁵

Grosses Buch kulminiert in dem Kapitel 'Der eventuelle Nachfolger'. lta Wegman hatte 1925, wenige Wochen nach Rudolf Steiners Tod, in dem oben erwähnten Erinnerungsaufsatz geschrieben:

> „Wir betrachten Rudolf Steinar noch als ersten Vorsitzenden inmitten unseres Vorstands und die Vorstandsmitglieder in den Funktionen, in welche Rudolf Steiner sie eingesetzt hat."

Grosse erklärte 49 Jahre später in dem genannten Kapitel, ein eventueller Nachfolger in der Hochschulleitung habe von Steiner nicht ernannt werden müssen, denn er habe sich von der Hochschule, die eine rein geistige Institution sei, durch seinen Tod nicht getrennt. Deshalb habe er auch von niemandem Abschied genommen.¹⁶ „Die Gesellschaft als Gefäß der Anthroposophie und Träger(in) der esoterisch-spirituellen Impulse der Weihnachtstagung ist der Ort geblieben, wo Rudolf Steiner seiner Geistesaufgabe gemäß, mit seinem Werk schaffend verbunden bleibt."¹⁷ Das Weiterwirken Rudolf Steiners „mitten unter uns" sei ganz real zu nehmen.

Wie stellte sich Grosse die Leitung der Gesellschaft im Einzelnen durch einen Verstorbenen vor? Die Leitung der

Hochschule wäre als identisch zu denken mit der Leitung der Gesellschaft.

Wenn Rudolf Grosse 1978 davon ausging, dass Rudolf Steiner seit seinem Tod am 30.3.1925 Hochschule und Gesellschaft geleitet habe, so überbürdete er damit entweder dem verstorbenen Geisteslehrer die Verantwortung für die Gesellschaftskrisen in fünfzig Jahren oder er hielt die Zerwürfnisse, Verletzungen, Irrtümer, Versäumnisse bis hin zu einem aus notorischer Uneinsichtigkeit verlorenen Prozess für zu vernachlässigende Nichtigkeiten, die nicht geeignet waren, das Gesellschaftskarma zu belasten.

Was mochte sich Grosse beim Schreiben des Buches gedacht haben, welchen Impulsen suchte er zu folgen? Könnte man das Buch einfach gnädigem Vergessen überlassen?

2013 erschien das Buch im Verlag am Goetheanum in vierter Auflage, zwar nicht mehr als Publikation der Hochschule bezeichnet, aber mit einem langen Vorwort der damaligen Sektionsleiterin Michaela Glöckler. Das Kapitel 'Der eventuelle Nachfolger' war unverändert beibehalten worden, doch interpretierte Frau Glöckler Abschnitt 7 der Statuten von 1923/24 so, dass sich Rudolf Steiner lebend oder tot nur die Einrichtung der Hochschule vorbehalten habe, nicht deren Leitung. Bei dieser Auslegung dürfen die lebenden Sektionsleiter ihre Tätigkeit wenigstens als legal betrachten.

Das Buch Rudolf Grosses über die Weihnachtstagung ist in seinen bisher vier Auflagen eine Tatsache der Gesellschaftsgeschichte. Es ist ein Manifest der Sektiererei, gegen die Rudolf Steiner in den letzten Jahren seines Lebens immer wieder anzukämpfen versuchte.

9.
Da Rudolf Steiner gegenüber seinen geistigen Inspiratoren – eigenen Worten gemäß – eine Garantie des Gelingens der Gründungstagung abgegeben hatte, kann die Aussage als statthaft gelten, er habe das Karma der Gesellschaft auf sich genommen. Von einer Übernahme des persönlichen Karmas von Mitgliedern kann dagegen in der Regel nicht gesprochen werden, entgegen einer ungenauen Aussage von Marie Steiner. Der Betrachter stößt hier auf die Geheimnisse der Stellvertretung, die nicht unmittelbar zur Geschichte der Anthroposophischen Gesellschaft gehören.

Die Anthroposophische Gesellschaft und ihre Leitung gingen in die letzten Jahre des 20. Jahrhunderts mit einer schweren ideologischen Belastung, umso mehr als eine neue Krise in ihren Vorzeichen bereits erkennbar war.

Anmerkungen zu Kapitel IV

1) *Die Konstitution der Allgemeinen Anthroposophischen Gesellschaft und der Freien Hochschule für Geisteswissenschaft. Der Wiederaufbau des Goetheanum*, GA 260a, S. 559, 567
2) Vgl.Günter Röschert: *Anthroposophie als Aufklärung*, 2.Auflage 2017, Kap.3.2 'Falsches Bewusstsein'
3) *Die Großen Arcana des Tarot. Meditationen*, Basel ³1993, 2 Bände
4) *Was in der Anthroposophischen Gesellschaft vorgeht*, vom 22.12.1990 (Bericht von Jakob Streit).
5) Später konnte nachgewiesen werden, dass Steffen allerdings wiederholt versucht hatte, Marie Steiner von den Vorstandsgeschäften fernzuhalten.
6) *Was in der Anthroposophischen Gesellschaft vorgeht*, vom 2.5.1965
7) *Was in der Anthroposophischen Gesellschaft vorgeht*, vom 18.2. 1988. Dr. Poppelbaum war inzwischen aus persönlichen Gründen als Vorsitzender zurückgetreten.
8) Rudolf Steiner: *Die spirituellen Hintergründe der äußeren Welt*, GA 177, zweiter Vortrag

9) Herbert Witzenmann: 'Warum ich dem Beschluss vom 14. Januar 1968 (?) nicht zustimme', *Was in der Anthroposophischen Gesellschaft vorgeht*, vom 18.2.1908
10) Vgl.dazu Rudolf Steiners Ausführungen im Vortrag Berlin 17.6.1909 GA 107; dgl. Vortrag Stuttgart 15.9.1907, GA 101
11) Vgl. oben Abschnitt I.3 zu GA 259
12) Seiten 27, 135 in Grosses Buch
13) Seite 81 in Grosses Buch
14) Seite 93 in Grosses Buch
15) *Was in der Anthroposophischen Gesellschaft vorgeht*, vom 28.4.1925
16) Seite 149 in Grosses Buch
17) Seite 151 in Grosses Buch

V.
Die Konstitutionskrise

1.

1976, am Beginn des letzten Viertels des 20. Jahrhunderts, ließ Rudolf Grosse, damals Vorstandsvorsitzender der Allgemeinen Anthroposophischen Gesellschaft, sein Buch über die Weihnachtstagung 1923/24 erscheinen, mit einer Apotheose des Tagungsgeschehens und u. a. mit dem Kernsatz: „Es war der Wärmekosmos eines Neubeginns, ein neuer Saturn".[1] Jeder Kenner der Kosmologie Rudolf Steiners wird diese Aussage richtig einordnen können. Grosse war wohl der Auffassung, dass er mit seinem Buch eine Programmschrift für den Rest des Jahrhunderts und für den Anbruch des neuen Jahrhunderts vorgelegt hatte.

Schon viele Jahre vor Grosses Schrift hatte eine Gruppe aufmerksamer Mitglieder damit begonnen, erneut nach den Entstehungsgründen der sog. Prinzipien, den umbenannten Statuten der Weihnachtstagung und nach den Statuten des früheren Bauvereins zu fragen und damit nach den Vorgängen des 8. Februar 1925. Der Dornacher Vorstand antwortete auf diese Fragen mit dem Ausschluss von sechs Mitgliedern aus der Anthroposophischen Gesellschaft, auf der Grundlage des Ausschluss-Paragraphen der 1925 geänderten Bauvereinssatzung.

Selbstverständlich war die zugrundeliegende Problematik mit einer solchen Ordnungsmaßnahme nicht aus der Welt zu schaffen. Die Vorgänge der Gesellschaftsgeschichte zwischen 1923 und 1925 waren auch fünfzig Jahre später noch immer ungeklärt; in vieler Hinsicht ein Rätsel, vor allem hinsichtlich der Konsequenzen: In welcher Gesellschaft lebten die Mitglieder eigentlich und nach welchen Statuten?

Die Anfragen wurden immer mehr und fanden schließlich auch Eingang in die anthroposophischen Zeitschriften, zum Beispiel mit der Frage: 'Muss die Anthroposophische Gesellschaft neu gegründet werden?'

Es ist unmöglich, einen zusammenfassenden Überblick über das in den letzten Jahrzehnten entstandene Schrifttum zum Konstitutionsproblem vorzulegen. Die 'Annotierte Bibliographie' von Magdalena Zoeppritz, vorgelegt 2002, umfasst 430 Seiten DIN A4, nur mit Kurzhinweisen und Erscheinungsdatum von Veröffentlichungen zur Konstitutionsfrage. Das Schrifttum ist extrem unübersichtlich nicht nur wegen seiner Masse, sondern auch wegen der Art der schriftlich ausgetragenen Kontroversen und weil parallel dazu Tagungen, Sitzungen, Kolloquien, Einzelgespräche stattfanden, häufig mit eigenen Tischvorlagen und Denkschriften.

Die Dornacher Versuche, die Diskussion zu unterdrücken, waren erfolglos geblieben.

Es zeigte sich, dass wesentliche Abschnitte der Gesellschaftsgeschichte unterschiedlich bewertet wurden oder gar nicht mehr erinnerlich waren. Ausblicke auf die Menschheitszukunft, das Gegeneinander von Gut und Böse spielten herein. Von Funktionärsseite wurde verbreitet, die Diskussion über die Konstitutionsfrage sei rein ahrimanisch und man habe sich besser davon fernzuhalten.

Nach längerer Zeit der Nicht-Einigung schien Mitte der neunziger Jahre die Zeit gekommen, dass vielleicht ohne schweren ideologischen Ballast eine Verständigung erreicht und strukturelle Probleme der Gesellschaft gelöst werden könnten. Da die Gegner der anthroposophischen Bewegung nicht schliefen, musste bei anhaltenden Streitigkeiten der Sturz in die Bedeutungslosigkeit als ernsthafte Bedrohung betrachtet werden.

2.

Nur beispielhaft seien vier Lösungsvorschläge in Kürze erwähnt, die noch vor dem Jahr 2000 entstanden waren und bei den späteren Entscheidungen vorlagen:

a) Johann Wolfgang Ernst (†): *Über den Ursprung der sogenannten Allgemeinen Anthroposophischen Gesellschaft* (1977, 1980).

- Durch die Namens- und Statutenänderung des Goetheanum-Bauvereins sei dessen Eigentum kommunistisch vergesellschaftet worden.
- 12 000 Mitglieder der Gesellschaft der Weihnachtstagung seien – ohne es zu wissen – Mitglieder des umbenannten Bauvereins geworden und auf andere Statuten verpflichtet worden.
- Die Unterschrift Rudolf Steiners auf der behördlichen Anmeldung der Namens- und Statutenänderung sei manipuliert.
- Rudolf Steiner soll die Umbenennung und die neuen Statuten akzeptiert und deren Verschweigen gewünscht haben. Dies sei eine unglaubwürdige Behauptung Günther Wachsmuths.

b) Wilfried Heidt (†): 'Das Konstitutionsproblem der Allgemeinen Anthroposophischen Gesellschaft' (*Korrespondenz zur Konstitutionsfrage* Nr. 1, Mai 1998).

- Rudolf Steiner habe eine 'einheitliche Konstitution' beabsichtigt.
- Den 8. Februar 1925 könne Rudolf Steiner nicht gewollt haben.
- Die Mitteilung des Vorstands vom 22.3.1925 lege einen Mitgliedertausch zwischen Allgemeiner Anthroposophischer Gesellschaft und dem umbenannten Bauverein nahe.
- Die Letztverantwortung der Generalversammlungen der Gesellschaft sei ein tragisches Missverständnis.
- Der entscheidende Akt der Verunsicherung sei die Versammlung vom 29.12.1925.

- Forderung: Eine Neugründung der Allgemeinen Anthroposophischen Gesellschaft sei notwendig und dabei die Fortschreibung der Statuten von 1923/24.

c) Benediktus Hardorp (†): 'Kernpunkte zur Erhaltung und zur heute erforderlichen Neuergreifung der zu Weihnachten 1923 gebildeten Anthroposophischen Gesellschaft' (*Korrespondenz zur Konstitutionsfrage* Nr.1, Mai 1998).

- Forderung: Die auf der Weihnachtstagung gegründete Anthroposophische Gesellschaft und der in 'Allgemeine Anthroposophische Gesellschaft' umbenannte Bauverein seien zwei verschiedene Körperschaften.
- Eine Fusion beider habe nicht stattgefunden. Keinesfalls habe Rudolf Steiner die Anthroposophische Gesellschaft der Weihnachtstagung aufgegeben.
- Die Umbenennung des ehemaligen Bauvereins sei als 'Außenwirkungsinstitution' rechtens gewesen.
- Die Anthroposophische Gesellschaft der Weihnachtstagung müsse neu ergriffen werden, damit sie nicht wegen 'mangelndem Willen' sich selbst auflöse, und ebenso die Hochschule. Ein Richtungsentschluss müsse in Kürze erfolgen.

Dem ist entgegenzuhalten als dritte Position in der Statutenfrage ('Korrespondenz zur Konstitutionsfrage', Nr.3, Februar 1999):

Die Anthroposophische Gesellschaft bewegte sich zwischen 1913 und 1923 in einer Probe auf Selbstständigkeit, die aber nicht bestanden wurde (vgl. Kap. I). Die Gesellschaft der Weihnachtstagung stand wiederum vor einer Probe auf Selbstständigkeit, die aber bis zu Rudolf Steiners Tod wieder nicht bestanden wurde und auch nicht danach. Von einer gelungenen Mysterieneinweihung kann keine Rede sein.

Die Statuten von 1923/24 sollten die Beschreibung eines Tatsächlichen sein, kein Programm. Sie wären nach Rudolf Steiners Prognose in etwa zehn Jahren den Verhältnissen anzupassen gewesen, bei gleichzeitiger Überwindung des Autoritätsprinzips. Die Konstitionsfrage umfasst die Vorstands- und die Hochschulfrage jeweils unter aktuellen Bedingungen.

Die Frage war gegen Ende des 20. Jahrhunderts: Ist die Anthroposophische Gesellschaft, so wie sie jetzt ist, fähig, ihre eigene Lage ohne den eingeweihten Lehrer und ohne Mythologeme, nämlich nach 'Wahrheit und Tatsächlichkeit' zu gestalten?

Das Konstitutionsproblem besteht also nicht darin, eine 'platonische' Sozialidee Rudolf Steiners zu verwirklichen, sondern in der symptomatologisch begründeten Gestaltung der tatsächlichen Gesellschaftssituation; die richtigen Intuitionen müssen gefunden werden auf Grundlage der moralischen Phantasie und der Natur der Sache.

Da die großen Gesellschaftskrisen stets vom Vorstand ausgegangen sind, wäre das Vorstands- und Leitungsprinzip zu reformieren in Richtung eines geschäftsführenden Dienstleistungsorgans.

Das nach Hardorps Überzeugung gesellschaftsbegründende Bekenntnis zur Freien Hochschule ist überholt durch die Veröffentlichung der Klassentexte 1992 und durch die bahnbrechenden Arbeiten von Johannes Kiersch über die Entstehung und Entwicklung der geisteswissenschaftlichen Hochschule.

3.
1993 fand die vorletzte der Konferenzen statt, zu welchen der Goetheanum-Vorstand im Abstand von jeweils sieben Jahren tausend persönlich eingeladene Mitglieder der Freien Hochschule versammelte. Das Thema der Konferenz 1993 war: 'Das Geheimnis des Akasha'. Das Konferenzthema wurde behandelt u.a. in folgendem Sinne:

- Übersinnliche Erfahrungen im sinnlich dominierten Bewusstsein;
- Initiativen aus gegebenem Anlass sind Schöpfungen aus dem Nichts;
- Wie äußert sich die Schwelle in der Gesellschaftsgeschichte?
- Wie kann ein anthroposophischer Katholizismus verhindert werden?
- Was ist das Akasha der Anthroposophischen Gesellschaft?
- Gleichzeitigkeit des Ungleichzeitigen? Die vergangenen hundert Jahre sind Gegenwart;
- Notwendig ist die Befreiung vom nicht-mantrischen Wortlaut Rudolf Steiners;
- Geschichtsverlust ist Ich-Verlust;
- Die Lage der Anthroposophischen Gesellschaft drückt sich aus in den vier Wesensgliedern; physisch, ätherisch, astral, geistig. In jeder einigermaßen stabilen Gruppe sind die Wesensglieder vorhanden; ungünstigenfalls auch substituiert als Kräfte der Unfreiheit;
- Die Wesensgliedersituation der Weihnachtstagungsgesellschaft war rein hypothetisch; sie wurde nicht stabilisiert, weshalb eine irreguläre Schwellenbegegnung stattfand, der die Gesellschaft nicht gewachsen war;
- der Gesellschaft ging der Tatsachenboden verloren, eine luziferische Verseuchung des Astralleibes der Gesellschaft trat ein, auf Grundlage ideologischer Grundannahmen;
- Rudolf Steiner ist Nachfolger seiner selbst; Bewegung und Gesellschaft sind dauerhaft eins; Treue zur Weihnachtstagung als Gebot;
- Die Krisen der Anthroposophischen Gesellschaft sind kein bürgerliches Fehlverhalten, sondern Bewusstseinstrübungen durch Mängel des intuitiven Denkens.[2]

Die Michaelikonferenz 1993 war – wie diese unsystematische Aufzählung zeigt – gekennzeichnet durch eine bislang noch nicht erreichte Offenheit des Gesprächs, durch weite, neuartige Ausblicke und durch Austausch von Ohnmachtserfahrungen.

Es ergab sich im Hinblick auf das nun erreichte letzte Jahrsiebent des Jahrhunderts die Hoffnung auf neue Initiativen und auf Einigung in den Verfassungsfragen.

4.

Zwei Jahre später, bei der jahreszeitlichen Michaelitagung (1995) hielt Manfred Schmidt-Brabant, der Vorsitzende der Anthroposophischen Gesellschaft, einen Eröffnungsvortrag über 'Die Einrichtung der Freien Hochschule und die allgemeine anthroposophische Sektion'.[3] Unter dem Leitwort von 1923/24 'Das Ziel der Anthroposophischen Gesellschaft ist die Förderung der Forschung auf geistigem Gebiet, das der Freien Hochschule für Geisteswissenschaft soll diese Forschung selbst sein' kam Schmidt-Brabant im zweiten Teil seines Vortrages zu folgenden Anfragen:

> „Muss nicht eigentlich das ganze Allgemein-Anthroposophische in dieser Sektion (der allgemein-anthroposophischen) auf Hochschul-Art gepflegt werden? Heinrich Leiste brachte 1951 das kleine Büchlein 'Elemente einer allgemein-anthroposophischen Hochschularbeit' heraus ... Erst in den letzten Jahren ist die Frage wieder energischer aufgeworfen worden: Muss nicht diese Allgemeine Anthroposophische Sektion um den esoterischen Kern der Klassenstunden herum für alle Mitglieder ein neues Leben mit den allgemein-anthroposophischen Inhalten entwickeln? Und diese Frage wird durch eine andere verstärkt: Ist es vielleicht nicht doch denkbar, dass die Hochschule die Anerkennung und die Wirksamkeit in der Welt noch nicht gefunden hat, die ihr zustehen könnte, weil die Arbeit in der Allgemeinen Anthroposophischen Sektion brach liegt ... Es ist jetzt vor dem Jahrhundertende Zeit, dass die Allgemeine Anthroposophische Sektion das Zentral-Anthroposophische so pflegt, wie es nur in der Hochsehule gepflegt werden kann."

Gegen Ende seines Vortrags ging Schmidt-Brabant vom Fragen zum Wollen über: „Durch diese Tagung fühlen wir uns veranlasst, Ur-Fragen zu stellen, nichts für selbstverständlich zu nehmen. Das Schicksal der Gesellschaft ist auf das Engste mit dem Schicksal der Hochschule verbunden. Beide sind unauflösbar miteinander verknüpft."

Verbindet man die oben (3.) angeführten Notizen vom Verlauf der Michaeli-Konferenz 1993 mit Schmidt-Brabants Vortrag zwei Jahre später, so kann der Eindruck sich aufdrängen, dass sich in jenen Jahren Tore in das Reich des Möglichen geöffnet haben, für eine General-Reformation des Anthroposophischen in dessen Geschichte. Im Rückblick zeigt sich: So wie Heinrich Leistes wiederholte Anfragen verhallten, so verhallte auch Schmidt-Brabants dringender Aufruf, einer allgemein-anthroposophischen Arbeit im eigentlichsten Sinne zu gedenken.

5.
Inzwischen hatte der Goetheanum-Vorstand – im Hinblick auf die immer weiter anschwellende Konstitutions-Diskussion – zweimal eine Arbeitsgruppe gebildet, um Vorschläge zu erarbeiten für eine Lösung des Problems. Beide Arbeitsgruppen blieben erfolglos, die zweite Gruppe entwickelte einen Verfahrensvorschlag, zog ihn aber wieder zurück.[4]

Aufgrund einer Initiative aus der deutschen Landesgesellschaft bildete sich eine dritte Arbeitsgruppe. Diese legte der Dornacher Generalversammlung 2000 einen Antrag Nr.11 zur Beratung vor.[5] Der Beschlussantrag lautete:

1. „Die Versammlung möge beschließen: Wir (das ist die Generalversammlung G.R.) beauftragen die Antragsteller, in Verständigung mit dem Vorstand am Goetheanum zur Durchführung der vorstehend genannten Schritte eine Arbeitsgruppe zu bilden. Diese gibt sich eine Geschäftsordnung. Alle Mitglieder der Gesellschaft können der Arbeits-

gruppe Eingaben zur Sache vorlegen. Die Gruppe pflegt die Kommunikation mit allen, die mit ihr Verbindung aufnehmen. Sie wird von Zeit zu Zeit zu offenen Arbeitstreffen einladen und in den Nachrichtenblättern und Zeitschriften der Gesellschaft über die Entwicklung der Arbeit berichten. Es ist anzustreben, dass die dafür zuständigen Mitgliederversammlungen des Vereins und der Gesellschaft spätestens im Jahr 2002 über die Arbeitsergebnisse beschließen können.

2. Die Versammlung ruft alle Mitglieder, die sich in der Frage der anstehenden Neugestaltung unserer anthroposophisch-gesellschaftlichen Verhältnisse engagieren wollen, auf, entsprechende Arbeitsgruppen zu bilden. Dieses würde ermöglichen, die ... beschriebene Gruppe in einen breiten gesellschaftlichen Arbeitsstrom einzubetten."

Der Antrag Nr. 11 erhielt in der Generalversammlung 2000 die notwendige Mehrheit, worauf sich der Arbeitskreis konstituieren konnte. Unerwartet meldeten sich mehrere Mitglieder des Goetheanumvorstands, um sich an dem Arbeitskreis entweder persönlich oder durch Vertreter zu beteiligen. In den folgenden Monaten trat der Arbeitskreis zu mehreren Sitzungen zusammen.

Unabhängig davon hatte der Vorstand inzwischen ein juristisches Gutachten zur Konstitutionsfrage eingeholt. Der Verfasser, Prof. Dr. jur. Hans Michael Riemer (Universität Zürich), kam zu dem Ergebnis, dass ein Verein, der während 75 Jahren weder von den Beteiligten als selbstständiger Verein behandelt wurde noch als solcher nach außen in Erscheinung getreten ist, aus Gründen der Rechtssicherheit nicht mehr als Verein betrachtet werden kann und darf. Es sei sachgerecht, von einer 'konkludenten Fusion' der Gesellschaft der Weihnachtstagung mit dem umbenannten Bauverein auszugehen.[6]

Für den Arbeitskreis des Antrags Nr. 11 bestand die Aussicht, in absehbarer Zeit und unter Berücksichtigung von Prof. Riemers Auffassung einen Lösungsvorschlag der Generalversammlung vorlegen zu können.

6.
Bei der Michaeli-Konferenz 1993 waren die früher üblich gewesenen großen anthroposophischen Bekundungen und Bekenntnisse, Selbstbestätigungen und Lehrvorträge, von Ausnahmen abgesehen, verschwunden. Es war eine fragende Konferenz gewesen. Es wurden Dinge ausgesprochen, die sieben Jahre vorher noch undenkbar waren, von einer Dichte der Selbstkritik, wie sie allen ernsthaften Initiativen voranzugehen hat.[7]

Als der Termin der (letzten) Michaeli-Konferenz 2000 näher rückte, lud der Goetheanum-Vorstand zu einem 'Initiativtreffen zur Zukunft der Anthroposophie' ein. Darüber wurde berichtet:[8]

„Es ist wohl davon auszugehen, dass die Teilnehmer des 'Initiativtreffens' auch an der Michaeli-Konferenz 1993 teilgenommen haben. In den Seelen dieser Menschen hat also fortgewirkt, was vorher geschah, was sich seither ereignete und was den verschiedenen Lebensbereichen an neueren Erfahrungen zu entnehmen war. Die Berichte lassen bei aller spürbaren Positivität und Loyalität an Deutlichkeit kaum etwas zu wünschen übrig. Von einem 'Desaster' ist da die Rede, von einer Ausgrenzung des Weltgeschehens, von einer Verunklärung des Anliegens der Besprechung überhaupt.' Der Stuttgarter Berichterstatter zitiert einen Teilnehmer, der meint. Jetzt sei das 'Ohnmachtserlebnis auch am Goetheanum wahrnehmbar angekommen.'"

Schließlich wurde zur Michaeli-Konferenz des Jahres 2000 eingeladen. Mit der Planung und Durchführung wurden vier Mitglieder aus Vorstand und Hochschulkollegium beauftragt, die dabei ihre Auffassung umsetzten, jede offene Diskussion im Teilnehmerplenum sei zu vermeiden. Die Hoffnungen von 1993 gingen vollständig zu Bruch.

Ein unerwartetes Ergebnis aber stand an ihrem Anfang: Manfred Schmidt-Brabant stellte die Frage, ob sich die Anthroposophische Gesellschaft in einer okkulten Gefangenschaft befinde, sie dringe nicht durch und arbeite nominalistisch. Diese Frage des Vorsitzenden wurde im weiteren Verlauf der Konferenz nicht aufgegriffen, genau so wenig wie die Fragen von 1995. Manfred Schmidt-Brabant starb im Februar 2001. In einem Nachruf wurden die vermächtnishaften Anfragen an die Mitgliedschaft und an alle Funktionäre nicht erwähnt. Die Hoffnungen von 1993 hatten einen verheerenden Rückschlag erlitten. Die Konsequenzen mangelnder Selbstkritik und Reformwilligkeit zeigten sich in Kürze.

7.
Für die Generalversammlung des Jahres 2002 hatte der Arbeitskreis des Antrags Nr. 11 von 2000 eine Erklärung erarbeitet, wonach eine Lösung des Konstitutionsproblems demnächst zu erwarten sei. Unmittelbar vor Beginn der Generalversammlung (2002) wurde die Erklärung von der Tagesordnung abgesetzt. An ihre Stelle trat eine überraschende Erklärung des Vorstands, aus welcher sich folgendes ergab:

- Der Vorstand ändert seine bisherige Auffassung, dass sich das Gesellschaftsleben seit 1925 in der Anthroposophischen Gesellschaft der Weihnachtstagung abgespielt habe;
- die Weihnachtstagungsgesellschaft sei auch nach dem 8. Februar 1925 vorhanden gewesen, allerdings in einem schlafenden Zustand;
- der Vorstand beabsichtige, Ende des Jahres 2002 eine große Wiedererweckungstagung einzurichten, in welcher auch der Vorstand selbst als Vorstand der richtigen Weihnachtstagungsgesellschaft bestätigt werde;
- im folgenden Jahr (2003) werde dann die 'wieder ergriffene' Gesellschaft der Weihnachtstagung mit der Gesellschaft des umbenannten Bauvereins fusionieren;

- die Statuten (vorübergehend 'Prinzipien' genannt) werden den aktuellen Bedürfnissen angepasst, wodurch der Vorstand 'handlungsfähig' gemacht werde.

Die vom Vorstand arglistig und treuwidrig düpierte Arbeitsgruppe des Antrags Nr.11 von 2000 löste sich bei ihrer nächsten Sitzung auf, unter Protest einer Minderheit der Teilnehmer.[8]

Im Nachrichtenblatt vom 3.11.2002 erging die Einladung an alle Mitglieder gleich welcher Überzeugung zur außerordentlichen Mitgliederversammlung am 28. und 29. Dezember 2002 am Goetheanum. Als Teil der Einladung wurde die beabsichtigte Statutenfassung mitgeteilt.

Im Nachrichtenblatt vom 15.12.2002 wurde der 'Fahrplan' der Mitgliederversammlung nochmals mitgeteilt. Eine erste Orientierung über den Verlauf der Versammlung erfolgte im Nachrichtenblatt vom 2.2.2003. Der Bericht war einseitig und durchgehend manipulativ; er ließ die geistige und moralische Belastung der Geschichte der Anthroposophischen Gesellschaft, die durch diese Versammlung eingetreten ist, nicht erkennen.[9]

Der Niedergang zwischen den idealistischen (ideologischen) Überzeugungen Rudolf Grosses von 1976 und der manipulativen Versammlung von 2002 war atemberaubend.

8.
Die vom Vorstand detailliert geplante Verfahrensordnung der Mitgliederversammlung vom Dezember 2002 hatte es Kritikern praktisch unmöglich gemacht, ihre Einwände zu begründen oder überhaupt zu Wort zu kommen. Der Zutritt zum Versammlungssaal wurde nur Mitgliedern gestattet, die von vorneherein schriftlich versicherten, mit den vorgesehenen

Beschlüssen einverstanden zu sein. Wortmeldungen wurden nur teilweise zur Kenntnis genommen, die Redezeit auf wenige Minuten beschränkt.

War Rudolf Steiner organisatorisch unfähig gewesen, wenn er sich nächtelang mit Fragen und Einwänden befasst hatte, besonders 1923, als es um das Schicksal der Gesellschaft ging? Die Behauptung des Vorstands von 2002, eben dadurch, dass er sich selbst als Vorstand der Gesellschaft von 1923/24 auf der Bühne des Goetheanum vorgestellt habe, sei die schlafend oder vergessen gewesene Weihnachtstagungsgesellschaft erwacht und voll lebendig, gänzlich unabhängig vom umgestalteten Bauverein, ist so absurd, dass Widerstand auf jeden Fall auftreten musste, wenn nicht argumentativ, dann mit Hilfe der Gerichte, freilich nicht zum ersten Mal in der Gesellschaftsgeschichte.

Nach der Versammlung bildeten sich vier Klägergruppen, die Klage gegen die Versammlungsbeschlüsse beim Amtsgericht Dornach einlegten. Das Gericht ordnete mündliche Verhandlung an und erließ eine einstweilige Anordnung mit dem Verbot, aus den Versammlungsbeschlüssen Konsequenzen zu ziehen. Diese Anordnung hob die nächste Instanz, das Obergericht des Kantons Solothurn, wieder auf, sodass der Dornacher Vorstand wie geplant im April 2003 eine Fusionsversammlung durchführen konnte. Zur mündlichen Hauptverhandlung vor dem Dornacher Gericht erster Instanz lud das Gericht eine Anzahl von Zeugen. Nach eingehender Beratung stellte das Gericht fest, dass es die vom Goetheanum behauptete 'Anthroposophische Gesellschaft (Wtg)' nicht gibt, weshalb zwei Klagen stattgegeben wurde. Die beiden anderen Klagen erledigten sich dadurch von selbst. Die Hauptsache-Entscheidung wurde vom Obergericht in Solothurn mit Urteil vom 12.1.2005 bestätigt, wodurch das ganze Verfahren auf Null zurückgebracht wurde.

Die Beschlüsse der Generalversammlungen vom Dezember 2002 und vom April 2003 waren hinfällig.[10]

Der Vorstand wusste nun, dass es nurmehr eine Anthroposophische Gesellschaft gibt, die durch konkludente Fusion entstanden ist, wie Prof. Riemer schon vorher festgestellt hatte.

Anmerkungen zu Kapitel V.

1) Rudolf Grosse: *Die Weihnachtstagung als Zeitenwende,* [4]2013
2) Vgl. Günter Röschert: *Anthroposophie als Aufklärung.* Novalis-Verlag [2]2017
3) *Was in der Anthroposophischen Gesellschaft vorgeht*, vom 31.3. 1996
4) *Was in der Anthroposophischen Gesellschaft vorgeht*, vom 19.3. 2000
5) *Was in der Anthroposophischen Gesellschaft vorgeht*, vom 5.3. 2000
6) *Was in der Anthroposophischen Gesellschaft vorgeht*; vom 23.1. 2000
7) Günter Röschert: 'Vergegenwärtigung und Vorausblick. Von der Michaeli-Konferenz 1993 zur Michaeli-Konferenz 2000.' *Was in der Anthroposophischen Gesellschaft vorgeht*, vom 2.6. 1999
8) Anm. 7
9) Der ab 2001 in großer Dichte zustande gekommene Schriftverkehr wird in der 'Annotierten Bibliografie' nurmehr kurz und ausschnitthaft dokumentiert, ab 2002 gar nicht mehr. Die in vorliegenden Blättern enthaltenen Schilderungen stützen sich auf eigene Aufzeichnungen und Erinnerungen.
10) Eine ins Einzelne gehende Analyse wurde im *Jahrbuch für anthroposophische Kritik* 2003 veröffentlicht.

VI. Zusammenfassung und Ausblick

1.

Der Wille Rudolf Steiners, das in ihm lebende Übersinnliche zur Darstellung zu bringen, ist die Wirkursache für die Entstehung der Anthroposophischen Gesellschaft, zunächst im Schoße der Theosophischen Gesellschaft (Adyar).

Steiner war allerdings nicht nur Geistesforscher, der seine Ergebnisse mitteilen wollte, sondern auch Meditationslehrer, kultureller Schriftsteller, Bühnenautor, bildender Künstler und anderes mehr. Alle Ergebnisse seines Schaffens sollte die allmählich wachsende Anthroposophische Gesellschaft in sich aufnehmen und mit Leben erfüllen. Freilich sollte die Gesellschaft nicht nur Empfangsorgan sein, auf Grundlage des Empfangenen sollte sie sich eigene Ziele setzen, die Forschung der in ihrer Mitte vorgesehenen Freien Hochschule sollte sie fördern.

Nach §1 der Statuten vom 28.12.1923 sollte die Anthroposophische Gesellschaft 'eine Vereinigung von Menschen sein, die das seelische Leben im einzelnen Menschen und in der menschlichen Gesellschaft auf der Grundlage einer wahren Erkenntnis der geistigen Welt pflegen wollen'. Steiner hoffte auf fruchtbare Zusammenarbeit mit den Mitgliedern dieser Vereinigung. Diese Erwartung erfüllte sich zu seinen Lebzeiten nur teilweise und nicht in der erhofften Art.

Später scheiterte die Anthroposophische Gesellschaft an persönlichen Unverträglichkeiten des Führungspersonals und der dahinterstehenden Mitgliedergruppen, an dogmatischen Streitigkeiten und an einer Ratlosigkeit, was eigentlich zu tun sei. Im Laufe der Jahre entstand eine Kette von Krisen, die überwiegend vom Dornacher Vorstand ausgingen und um die unausgesprochene Frage sich bewegten:

Wie kann die Gesellschaft fortbestehen ohne einen initiierten Geisteslehrer, mit dessen riesiger geisteswissenschaftlicher Hinterlassenschaft?

Die ungelöste Nachfolgefrage ist der Entstehungsboden einer Entlastungsmythologie, beginnend mit dem Mythos der 'Weihnachtstagung' und mit dem Glauben an einen 'esoterischen' Vorstand.[1]

2.

Jede Gemeinschaft, die sich im Besitz eines Sonderwissens glaubt, steht unter Begründungs- und Bestätigungszwang nach innen – gegenüber den eigenen Mitgliedern –, aber auch gegenüber einer gleichgültigen oder kritischen Außenwelt. Die Notwendigkeit, die interne Plausibilitätsstruktur zu erhalten, führt die Gesellschaftsarbeit zu einer permanenten Apologie mit dem Ziele, die eigenen Überzeugungen zu verkünden und zu verteidigen. Bei einem Überwiegen dieser Ziele schwächt sich der Forschungs- und Erneuerungsimpuls ab, aber auch die Notwendigkeit fortdauernder Selbstkritik, die sich für die Anthroposophische Gesellschaft aus Rudolf Steiners gesellschaftlicher Leitidee von Wahrheit und Tatsächlichkeit ergibt.[2]

Die Orientierung des gesellschaftlichen Handelns an Wahrheit und Tatsächlichkeit bedeutet das Eintauchen in die Sphäre des 'ethischen Individualismus'. Geschieht dies nicht, so wird das Gesellschaftsleben störanfällig durch das Beharren auf alten, abgelebten Intuitionen und durch Missachtung veränderter Lebensbedingungen. Was vor hundert Jahren richtig und aussichtsreich war, braucht es heute nicht mehr zu sein.[3]

3.

Die durch Rudolf Steiners Schriften vorgezeichnete höhere Entwicklung des Menschen beginnt nicht erst mit dem Beschreiten des Erkenntnispfades, etwa im Sinne des Buches *Wie erlangt man Erkenntnisse der höheren Welten?*, sondern bereits mit der Erweckung des reinen, sinnlichkeitsfreien Denkens.

Die Möglichkeiten des intuitiven Denkens oder – mit einem anderen Ausdruck – der 'intellektuellen Anschauung' erfassen alle Teile des Seelenlebens und berühren sich auch mit einzelnen Ausprägungen geisteswissenschaftlicher Bildgestaltung.[4]

Im Rückblick auf mehr als zwei Jahrzehnte des Aufbaus der Geisteswissenschaft sprach Steiner in seiner unvollendet gebliebenen Autobiografie 'Mein Lebensgang', GA 28, Kap. XXII, von drei Erkenntnisarten:

- die an der Sinnesbeobachtung gewonnene Begriffserkenntnis;
- die 'ideell-geistige Erkenntnis';
- die eigentliche Geist-Erkenntnis, jenseits der Sinneserfahrungen.

Die an zweiter Stelle genannte 'ideell-geistige Erkenntnis' ist allen Menschen zugänglich, die den höheren Erkenntnisweg im engeren Sinne nicht beschreiten können oder wollen.[5]

In der dritten Auflage 1909 von Rudolf Steiners Schrift *Wie erlangt man Erkenntnisse der höheren Welten?*, GA 10, ist in der Vorrede von verschiedenen 'Bedürfnissen' der Leser die Rede. Wer „nicht die Neigung oder die Möglichkeit hat", den Pfad selbst zu gehen, kann die Angaben der Geisteswissenschaft „dadurch ... prüfen, dass ... die gesunde Urteilskraft in wirklich unbefangener Weise" auf sie angewendet wird.

In der Vorrede 1925 seines Hauptwerks *Die Geheimwissenschaft im Umriss*, GA 13 (Auflage letzter Hand) erläutert Steiner:

„Der Inhalt des geistig Geschauten lässt sich nur in Bildern (Imaginationen) wiedergeben, durch die Inspirationen sprechen, die von intuitiv erlebter geistiger Wesenheit herrühren."

Das vom Geistesforscher Mitgeteilte ist also imaginativ, es ist nicht naiv-realistisch zu nehmen. Schon in der Vorbemerkung zur ersten Auflage 1909 der *Geheimwissenschaft im Umriss* unterrichtet Steiner den Leser: Er wünsche sich Leser, welche „das Mitgeteilte an den Erkenntnissen der eigenen Seele und an den Erfahrungen des eigenen Lebens ... prüfen".

In einer Fußnote der Auflage von 1913 heißt es erläuternd:

„Gemeint ist hier nicht etwa nur die geisteswissenschaftliche Prüfung durch die übersinnlichen Forschungsmethoden, sondern vor allem die durchaus mögliche vom gesunden, vorurteilslosen Denken und Menschenverstand aus."

Im Kapitel 'Die Weltentwicklung und der Mensch' der *Geheimwissenschaft im Umriss*, Auflage 1925 (S. 144), setzt Steiner fort:

„[Denn] das reine Denken ist selbst schon eine übersinnliche Betätigung. Es kann als Sinnliches nicht zu übersinnlichen Vorgängen durch sich selbst führen. Wenn man aber dieses Denken auf die übersinnlichen, durch die übersinnliche Anschauung erzählten Vorgänge anwendet, dann wächst es durch sich selbst in die übersinnliche Welt hinein."

Am Ende der oben in fünf Kapiteln entwickelten Kurzgeschichte der Anthroposophischen Gesellschaft steht eine erkenntniswissenschaftliche Betrachtung. Die Möglichkeit, dass alle Gesellschaftsmitglieder – im Prinzip jeder Mensch – fähig sind, durch 'ideell-geistigen' Gebrauch seines Denkens die Aufstellungen der Geisteswissenschaft Rudolf Steiners zu verstehen und zu prüfen, ist von entscheidender gesellschaftsbildender und gesellschaftsgeschichtlicher Bedeutung. Die Mitglieder der Gesellschaft müssen in ihren Verständnisbestrebungen nicht in der Haltung der Proskynesis vor der überragenden Autorität Rudolf Steiners verharren, dürfen vielmehr hoffen, auf ideell-geistigem Wege zu eigenen Einsichten zu gelangen.

Die kritische Erschließung von Rudolf Steiners Gesamtwerk ist allerdings noch nicht sehr weit gediehen, obwohl in praktischer Hinsicht beeindruckende Ergebnisse vorliegen. Sind diese praktischen Erfolge aber genügend geistig abgesichert?

An dieser Stelle beginnt der Zuständigkeitsbereich der allgemeinen anthroposophischen Sektion der Freien Hochschule für Geisteswissenschaft.

4.

§ 9 der Statuten der Allgemeinen Anthroposophischen Gesellschaft vom 28.12.1923 lautet:

> Das Ziel der Anthroposophischen Gesellschaft wird die Förderung der Forschung auf geistigem Gebiete, das der Freien Hochschule für Geisteswissenschaft diese Forschung selbst sein. Eine Dogmatik auf irgendwelchem Gebiet soll von der Anthroposophischen Gesellschaft ausgeschlossen sein.

Obwohl diese Bestimmung in den geltenden Wortlaut der Statuten vom 29.12.1925 nicht übernommen wurde, darf davon ausgegangen werden, dass § 9 als Richtlinie für die Gesellschaftsarbeit mit der Freien Hochschule in ihrer Mitte, als richtungweisend anzuerkennen ist.

Wie alle Hochschulen – zurück bis zur Akademie Platons vor den Mauern der Stadt Athen – ist auch die Freie Hochschule für Geisteswissenschaft in erster Linie auf Studien-

und Forschungsgemeinschaften hin ausgerichtet. Wie erscheint die ideell-geistige Orientierung des Erkennens in Forschungsgemeinschaften?

Anlässlich der sog. Delegierten-Tagung im Februar des Krisenjahres 1923 skizzierte Rudolf Steiner – wie oben bereits erwähnt – die Möglichkeit einer geistigen Präsenzerfahrung, die er als 'umgekehrten Kultus' bezeichnete. 1923 war die Freie Hochschule für Geisteswissenschaft noch nicht eingerichtet, aber es besteht eigentlich kein Zweifel, dass Rudolf Steiner in diesen Februartagen in Stuttgart und in Dornach die zentrale Arbeitsweise der Hochschule vorweggenommen hat.

Nach den Forschungen von Johannes Kiersch darf keinesfalls angenommen werden, dass das Verlesen von Mitschriften aus Klassentexten von 1924 dem geistigen Auftrag der allgemeinen anthroposophischen Sektion der Freien Hochschule nahe kommen könnte.[6]

Über die allgemeine anthroposophische Sektion orientierte Rudolf Steiner in einer Verlautbarung im Dornacher Nachrichtenblatt 'Was in der Anthroposophischen Gesellschaft vorgeht' vom 17.1.1924, wieder abgedruckt in 'Die Konstitution ...', GA 260a, S.110:

„Es wird im Mittelpunkt stehen die allgemeine anthroposophische Sektion."

Dieser Sektion waren zunächst – ideell – die Vorträge zuzuordnen, die Rudolf Steiner ab Februar 1924 für die sich langsam mehrende Mitgliedschaft der ersten Klasse der Hochschule hielt. Weitere Aktivitäten gab es zunächst nicht.

Ab Rudolf Steiners Tod Ende März 1925 fand keine Forschung auf geistigem Gebiet in der Sektion mehr statt. Allerdings gehören die 'Publikationen' der Freien Hochschule, soweit sie nicht in die Zuständigkeit einer Fachsektion fallen, von der Zielrichtung des inzwischen ungültig gestellten § 8 der Statuten von 1924 aus gesehen, in die Obhut der allgemeinen anthroposophischen Sektion. Diese 'Publikationen' sind identisch mit dem größten Teil der nachgelassenen Schriften und Vortragsnachschriften Rudolf Steiners.

Diese eindeutige und doch unstimmige Situation ist eines der wichtigsten Ergebnisse der Geschichte der Anthroposophischen Gesellschaft. Die im breitesten Umfange der geistigen Erforschung bedürftigen Werke Rudolf Steiners werden in der zuständigen Mittelpunkts-Sektion nicht erforscht, ja, die Mitgliedschaft, einschließlich der zuständigen Funktionsträger, hat diese Situation bis heute, also seit mehr als neunzig Jahren, anscheinend gar nicht erkannt.

Die Mitglieder der Anthroposophischen Gesellschaft beschäftigen sich in Zweigen und Gruppen in erlahmendem Eifer mit Rudolf Steiners vielgestaltigem Werk. Die Hochschule hätte in ihrer allgemeinen Sektion ein kritisches Bewusstsein dieses Werks, kritisch durch Prüfung, erreichen müssen. Das ist nicht geschehen. Die wissenssoziologische Betrachtung zeigt, dass bei dieser Situation mit einer gewissen Notwendigkeit eine Gesellschafts-Mythologie entstehen musste, mit dem Mythos der 'Weihnachtstagung' im Mittelpunkt. Rudolf Grosses Buch ist Dokument dieser Entwicklung.[7]

5.
Die Aufgaben der allgemeinen anthroposophischen Sektion der Freien Hochschule für Geisteswissenschaft sind nicht nur allgemein definiert durch den Gesamtumfang von Rudolf Steiners Werk, sondern ebenso durch den Verlauf der Gesellschaftsgeschichte. Was geschah, aus welchen Ursachen und mit welchen Konsequenzen?

VI. ZUSAMMENFASSUNG UND AUSBLICK

Vor allem andern wäre die Ausarbeitung eines Hochschulstatus erforderlich mit Angaben über die Aufgaben der Schule, ihre Organisation, über Rechte und Pflichten der Mitglieder, über eine Schlichtungsstelle, über die Finanzierung usw.

Als Forschungsgegenstände drängen sich heute u. a. auf:

- der Lebensgang des Hochschulgründers Rudolf Steiner;
- die Geschichte der Anthroposophischen Gesellschaft;
- die Theorie der ideell-geistigen Erkenntnis;
- Grundzüge der Christologie.

Der allgemeinen anthroposophischen Sektion zugeordnet ist die Gemeinschaft der weltweit tätigen 'Lektoren' oder Vermittler. Aufgabe der 'Lektoren' ist das Lesen der überlieferten Texte in den Klassenstunden, das Halten von Klassenvorträgen und, so weit gewünscht, die Lenkung von Gesprächen der Klassenmitglieder.

Kurz vor der Veröffentlichung der sog. Klassentexte 1992 haben vier Dornacher Vorstandsmitglieder eine Instruktion an die Gemeinschaft der Lektoren gerichtet, zuerst mündlich in einer Zusammenkunft vom 7. bis zum 9.12.1990, dann auch schriftlich durch Zusammenfassungen der mündlichen Einweisungen.

Die einzelnen Lektoren werden auf Vorschlag älterer örtlicher Lektoren vom Dornacher Vorstand bestellt. Niemand kann sich selbst bestellen. Die Lektoren besitzen eine mit besonderen Pflichten und Befugnissen ausgestattete örtliche Allzuständigkeit in Hochschulsachen. Das freie forscherische Gespräch zwischen Hochschulmitgliedern, zum Beispiel in Berichts- oder Referatsform, ist institutionell nicht vorgesehen, es muss – im Einzelfall gegen die Lektoren – erst erkämpft werden. Die Gemeinschaft der Lektoren, ein von Rudolf Steiner nach den Recherchen von Johannes Kiersch nicht vorgesehener Status, ist für die Entwicklung der Anthroposophischen Gesellschaft – wie leicht zu erkennen – von erheblicher Bedeutung. Es ist derzeit noch nicht abzuschätzen, ob eine Erweckung der allgemeinen anthroposophischen Sektion der Freien Hochschule gegen den Widerstand einer möglichen Mehrheit der Lektoren überhaupt durchführbar ist. Der Anschluss freier Forschungsgemeinschaften an die allgemeine anthroposophische Sektion ist nach Kenntnis des Autors der vorliegenden Blätter bisher noch nicht möglich gewesen.

Die besorgte Frage von Manfred Schmidt-Brabant von 1995 nach einer Erweiterung der Hochschularbeit auf Rudolf Steiners Gesamtwerk ist an den Lektoren – soweit erkennbar – spurlos vorübergegangen.

6.
Der Blick auf die Geschichte der Anthroposophischen Gesellschaft kann verstörend wirken. Das von Rudolf Steiner entworfene Idealbild einer freien Vereinigung von Geistsuchern mit einer geisteswissenschaftlichen Hochschule inmitten konnte sich im Verlauf von hundert Jahren nicht voll verwirklichen. In den sich ablösenden Krisenzeiten lebte vielfach nicht das Idealbild der Gesellschaft, sondern deren dunkles Gegenbild, das Valentin Tomberg den 'Egregor' nannte.

Hatte Rudolf Steiner die Mitglieder von Gesellschaft und Hochschule möglicherweise überfordert? Über dem mitunter enttäuschenden Streben der Menschen nach höherer Erkenntnis im Sinne des Buches *Wie erlangt man Erkenntnisse der höheren Welten?* wurden die Möglichkeiten der 'ideell-geistigen Erkenntnis', die Rudolf Steiner ebenfalls gelehrt und durch seinen eigenen Lebensweg bestätigt hatte, als minder bedeutsam erachtet. In dieser oftmals die Form einer Geringschätzung annehmenden inneren Disposition steckt ein Missverstehen der menschlichen Erkenntniskraft überhaupt. Gott hat den Menschen mit dem Intellekt ausgestattet und diesem als die überragende Erkenntnisweise die höchsten Ziele gesetzt nach dem Worte des Apostels im Ersten Brief an die Gemeinde in Korinth: „Der Geist ergründet nämlich alles, auch die Tiefen der Gottheit."

Ist also Marie Steiners Hoffnung von 1948, in der 'anthroposophischen Bewegung' lägen Kräfte, die zu einer Auferstehung führen werden, doch begründet? Die anthroposophische Bewegung (nicht die Gesellschaft) enthält als herausragende Beispiele:

- die neue Engellehre, als Ergänzung und Weiterführung der Engellehre des Dionysius Areopagita;
- den Einbezug der Reinkarnationsweisheit in den christlichen Glauben.

Schon diese beiden Ergebnisse der Forschungen Rudolf Steiners sind sehr wohl geeignet, den menschheitlichen Fortbestand der theosophisch-anthroposophischen Bewegung zu gewährleisten.

7.
Die intellektuelle Sicherung der Forschungen Rudolf Steiners, darunter die gerade bezeichneten zentralen Ergebnisse, ist Aufgabe der allgemeinen anthroposophischen Sektion der Freien Hochschule, und zwar in der Förderung und Zusammenarbeit mit anthroposophischen Forschungsgemeinschaften.

Tagungen mit noch so prominenten Rednern sind nur in sehr bescheidenem Maße geeignet, Forschungsfragen zu definieren und in Zusammenhang mit freien Gruppen zu bearbeiten.

In jüngster Zeit ist von Seiten der amtierenden Goetheanumleitung mitgeteilt worden, dass beabsichtigt sei, der allgemeinen Sektion eine Leitung zu bestellen. Ein in Umlauf befindliches Memorandum einer früheren Sektionsleiterin äußert sich im selben Sinne.

Es ist verständlich, dass am Goetheanum diese Überlegungen auftauchen. Solchen zentralistischen Absichten ist aber entgegenzuhalten, dass es mit der Einsetzung einer personalen Leitung nicht getan wäre. In den letzten Jahren ist bekannt geworden, dass zumindest im deutschsprachigen Raum eine Anzahl von freien Arbeitsgruppen entstanden ist, die sich lektorenfrei mit Hochschulfragen, auch mit den Klassen-Mantren beschäftigen.

Bei der organisatorisch ohnedies gegebenen, jetzt neuerdings manifesten Situation muss die Erweckung der zentralen allgemeinen anthroposophischen Sektion dezentral erfolgen, von frei gebildeten Forschungsgemeinschaften aus. Es ist die Stunde der Peripherie im Zusammenwirken mit einem kooperativen Zentrum.

In naher Zukunft wird unter dem Titel *Perspektiven freier Hochschularbeit* u. a. eine Sammlung von Berichten aus bereits bestehenden freien Hochschulgruppen als Buch erscheinen. Die Publikation soll helfen, die freien Gruppen mit ihren bereits vorliegenden Erfahrungen kennenzulernen, ihnen Anerkennung zu verschaffen und ihre Bereitschaft zur Kooperation zu erfragen. Ein weites Feld der Begegnung wird sich eröffnen.

Nach dem Erscheinen des Buches, das vielerorts vorgestellt werden soll, besteht die Möglichkeit, sich mit Stellungnahmen, auch mit Kritik, an die Herausgeber oder an den Verlag zu wenden. Dem offenen Diskurs sind keine Grenzen gesetzt.

*

Im Vortrag vom 2.3.1923, gehalten in Dornach, aus dem oben bereits mehrfach erwähnten Band *Anthroposophische Ge-*

meinschaftsbildung (GA 257) findet sich eine Aussage Rudolf Steiners, die auch in der gegenwärtigen Situation der Anthroposophischen Gesellschaft wegleitend sein könnte:

„Was leben will, muss sich wandeln, und eigentlich ist nur, was sich wandelt, lebensvoll."

Anmerkungen zu Kapitel VI.

1) Rudolf Steiner: Vortrag vom 31.8.1918 in Dornach, GA 183: *Die Wissenschaft vom Werden des Menschen*, S.141:
„Während auf der einen Seite mein Bestreben dahin geht, alles Geisteswissenschaftliche aus dem Sektiererischen herauszuheben, alles Sektiererische abzustreifen, (stürzt) die Anthroposophische Gesellschaft immer mehr und mehr in das Sektiererische hinein und (hat) eine gewisse Liebe gerade für das Sektiererische."

2) Vgl.Günter Röschert: *Anthroposophie als Aufklärung*, 2. Auflage, Neukirchen 2016, Kap.3.7 'Wissenssoziologie der Anthroposophischen Gesellschaft'.

3) Rudolf Steiner: *Die Philosophie der Freiheit*, 16. Auflage 1995, GA 4, Kap. 'Die Idee der Freiheit', S.160.
Ders.: Vortrag vom 16.3.1919 in: *Die soziale Frage als Bewusstseinsfrage*, GA 189, S.166. Darin: „Handle so, wie es dir, deinen höchsten menschlichen Kräften, gerade im konkreten Augenblick, im individuellen konkreten Augenblick, aus dem Geiste heraus eingibt."

4) Rudolf Steiner: Vortrag vom 12.10.1922 in Stuttgart: *Geistige Wirkenskräfte im Zusammenleben von alter und junger Generation*, GA 217, S. 145: „In dem Augenblick, wo das reine Denken als Wille erlebt wird, ist der Mensch in künstlerischer Verfassung."

5) Vgl.Günter Röschert: *Anthroposophie als Aufklärung*, Kap. 1.5; 2.3; 2.6.

6) Vgl. Johannes Kiersch: *Rudolf Steiners Auftrag an die Vermittler*

der Klassen-Mantren, in: *Anthroposophie,* Vierteljahresschrift zur anthroposophischen Arbeit in Deutschland, Weihnachten 2018, S. 286.

7) Dazu Günter Röschert: *Anthroposophie als Aufklärung*, Kap. 2.4, 'Das Studium der Geisteswissenschaft'. Darin, teilweise als Zitat Steiners:

„Die Götter haben den Menschen entstehen lassen, um das geistig Einzigartige, das logische Denken auf dem physischen Plan, zu ermöglichen. Steiner führt aus: 'Und wer nicht denken will auf der Erde, der entzieht den Göttern das, worauf sie gerechnet haben, und kann also das, was eigentlich Menschenaufgabe und Menschenbestimmung ist auf der Erde, gar nicht erreichen.'"

Rudolf Steiner: *Okkulte Untersuchungen über das Leben zwischen Tod und neuer Geburt,* GA 140, Vortrag vom 13.5.1913:

„Begriffe und Ideen von der übersinnlichen Welt können nur auf der Erde entstehen und strahlen von dort wie ein Licht auf die geistige Welt aus. Daraus versteht man so recht die Bedeutung der Erde."

Literaturhinweise

Johannes Kiersch: *Vom Land aufs Meer. Steiners Esoterik im veränderten Umfeld,* Stuttgart (Freies Geistesleben) 2008

Karl Martin Dietz (Hsg.): *Esoterik verstehen. Anthroposophische und akademische Esoterikforschung,* Stuttgart (Freies Geistesleben) 2008

Günter Röschert: *Die Esoterik der moralischen Phantasie,* Neukirchen (Novalis) 2013

Günter Röschert: *Anthroposophie als Aufklärung,* Neukirchen (Novalis) 2. Auflage 2016

Johannes Kiersch: *In okkulter Gefangenschaft? Von der gewordenen zur werdenden Anthroposophie,* Frankfurt a.M. (Info 3) 3. Auflage 2018

Anhang

Günter Röschert
Von dem Erquicklichen des Gesprächs
Elemente einer allgemein-anthroposophischen
Hochschularbeit

Aufgaben und Arbeitsweise der allgemein-anthroposophischen Sektion der Freien Hochschule für Geisteswissenschaft waren das Lebensthema von Heinrich Leiste (1900-1974). In seinem letzten Buch *Ein Beitrag zur anthroposophischen Hochschulfrage*[1] führte er aus, dass die Existenz der Hochschule abhängt von dem, was innerhalb der allgemeinen Sektion geschieht.[2] Bei der Stellung der Hochschule ist es auch ein Existenzproblem der Anthroposophischen Gesellschaft, ob über die Arbeit an den Klassentexten hinaus eine ernsthafte, auf der *Philosophie der Freiheit* und auf der moralischen Phantasie aufbauende Hochschularbeit möglich ist.

Das Gespräch
In seinen Vorträgen und Büchern hat Heinrich Leiste oft auf Goethes *Märchen von der grünen Schlange und der Lilie* aufmerksam gemacht. Als die grüne Schlange den unterirdischen Tempel entdeckt, findet sie dort zuerst den goldenen König. Dieser fragt: „Woher kommst du?" „Aus den Klüften, in denen das Gold wohnt", antwortet die Schlange. „Was ist herrlicher als Gold?" „Das Licht." „Was ist erquicklicher als Licht?" „Das Gespräch." Das ganze Märchen hat die Form eines Gesprächs zwischen den handelnden Personen. Der Alte mit der Lampe spricht:

„Ein Einzelner hilft nicht, sondern wer sich mit vielen zur rechten Stunde vereinigt." Und: „Wir sind zur glücklichen

Stunde beisammen, jeder verrichte sein Amt, jeder tue seine Pflicht." Um das Ziel des Geschehens zu erreichen, bedarf es der gegenseitigen Hilfeleistung der Kräfte, und zwar zur rechten Stunde, was schon der Prediger Salomos wusste.[3] Versteht man die Gestalten des Märchens als Repräsentanten von Seelenkräften, so würde es um das Gespräch des Menschen mit seinem eigenen höheren Ich gehen. Das rechte Zusammenspiel der Kräfte führt – im Märchen – zum Aufstieg des Tempels mit den drei Königen, also geht es um die Veröffentlichung des vorher verborgenen Mysteriums.

Schiller als Adressat des Märchens erkannte, dass dieses eine Botschaft an ihn persönlich enthielt und eine Antwort war auf das Menschenbild in den eben veröffentlichten Briefen über die ästhetische Erziehung des Menschen. Goethe seinerseits erkannte das Verständnis Schillers und äußerte sich einige Jahre später: Das Gespräch sei erquicklich, wenn Künstler nahe verwandte Zwecke verfolgen und sich im Gespräch gegenseitig fördern; sie erlösen sich aus persönlicher Verwunschenheit durch die Kunst, d. h. durch die Kunst des Gesprächs.[4] Daraus ergibt sich, dass dem Märchenideal des erquicklichen Gesprächs die Erfahrung des konkreten Gesprächs zwischen Goethe und Schiller zugrunde lag. Nicht übersehen darf werden, dass Goethe mit der Gestalt der grünen Schlange seiner Gesprächsauffassung das esoterische Motiv des 'Stirb und werde!' eingefügt hat.

Rudolf Steiner bemerkte in dem Aufsatz 'Goethes Geistesart in ihrer Offenbarung durch das Märchen von der grünen Schlange und der Lilie' in der Fassung von 1918 (GA 22), dass nach der Veröffentlichung des Märchens zahlreiche Deutungsversuche unternommen wurden; die Leser spürten das Bedürfnis, die Personen des Märchens und ihr Verhalten gedanklich zu erklären. Dies zeigt die enge Verbindung des Gedanklichen mit der Phantasie. Beide Äußerungen der

Menschenseele (*communio aeterna*) kommen gemeinsam im Gespräch zur Geltung. Das Märchengeschehen stellt sich als eine Verbindung der sinnlichen mit der übersinnlichen Welt dar; diese Zweiheit bringt sich im konkreten Verlauf, im lebendigen Hin und Her des Gesprächs, zur Geltung.

Durch Goethes Rätselmärchen ergibt sich eine Ahnung von der idealen Bedeutung des Gesprächs unter Menschen. Dem steht eine ungeheure Banalisierung durch die unabsehbare Menge belangloser Gespräche rund um die Erde gegenüber.[5]

Die Hochschule
Nur schwer konnte sich Rudolf Steiner im Krisenjahr 1923 dazu entschließen, die Zusammenarbeit mit der Anthroposophischen Gesellschaft nicht etwa einzustellen, sondern einen radikalen gesellschaftlichen Neubeginn zu wagen und als Vorsitzender die persönliche Verantwortung zu übernehmen. Zu diesem Entschluss gehörte neben der Ordnung der Gesellschaftsangelegenheiten die Einrichtung der Freien Hochschule, ja, beides steht in einem Bedingungsverhältnis zueinander. Es ist zwar verständlich, wenn die Mitglieder der Hochschule lange Zeit ihr besonderes Augenmerk auf die Zeit von Weihnachten 1923 bis März 1925 richteten. In diesem schmalen Zeitrahmen war Rudolf Steiner selbst mit dem Aufbau der Hochschule beschäftigt, worüber vor allem eine Reihe von Briefen an die Mitglieder und die überlieferten Nachschriften der Klassenstunden berichten.

Der Impuls zur Einrichtung einer esoterischen Hochschule ist in eine zweieinhalbtausendjährige Tradition einzuordnen, beginnend mit dem Auftreten des 'Denkens' in der frühen griechischen Zeit. Nach dem fruchtbaren Gegensatz zwischen der ionischen Naturphilosophie und Heraklit einerseits und der Schule von Elea andererseits entstand die erste eindeutige Institutionalisierung der neuen philosophischen Einweihung in der platonischen Akademie in Athen. Hier liegt der Ursprung des Hochschulgedankens, der dann in einzelnen Ausgestaltungen die Jahrhunderte bis in die Gegenwart überbrückte. Mit dem Aufkommen der Bewusstseinsseele musste mit einer gewissen Folgerichtigkeit eine Hochschulbewegung entstehen, die klar auf die initiatorischen Möglichkeiten des reinen Denkens zielt.[6]

Die Hochschulgründung von 1923/24 hatte also eine lange Vorgeschichte, die zuletzt noch in die Esoterische Schule der Theosophischen Gesellschaft (E. S.) einmündete: Einerseits in Anknüpfungen an die E. S., andererseits in einem Stil von ganz neuer Kohärenz begann Rudolf Steiner im Februar 1924 mit Vorträgen für die Erste Klasse, in denen geisteswissenschaftliche Inhalte nicht nur in Ideenform dargestellt wurden. Seine Methode erläuterte Rudolf Steiner u.a. in einem Aufsatz von 1924 wie folgt:

> „Es wird aber Persönlichkeiten geben, die teilnehmen wollen an den Darstellungen der geistigen Welt, die von der Ideenform aufsteigen zu Ausdrucksarten, die der geistigen Welt selbst entlehnt sind. [...] Die 'Schule' wird den Teilnehmer hinaufleiten in die Gebiete der geistigen Welt, die nicht durch die Ideenform geoffenbart werden können. Bei ihnen tritt die Notwendigkeit ein, Ausdrucksmittel für Imaginationen, Inspirationen und Intuitionen zu finden."[7]

Da Imaginationen, Inspirationen und Intuitionen nicht unmittelbar als solche vermittelt werden können, bediente sich Rudolf Steiner gedanklicher *Ausdrucksmittel*, die von den Zuhörern aufgenommen werden konnten. Dazu heißt es in der dritten Klassenstunde (29. Februar 1924), ein volles Empfinden und Erleben sei durchaus möglich auch in Gedanken, im 'ideellen

Abglanz' des Eintritts in die geistige Welt, eben durch jene Ausdrucksmittel für Imaginationen, Inspirationen, Intuitionen.

Johannes Kiersch hat in seinem Buch *Zur Entwicklung der Freien Hochschule für Geisteswissenschaft* (Dornach 2005) neuerdings gezeigt, mit welchen Problemen die Verantwortlichen, und mit ihnen alle Hochschulmitglieder, nach Rudolf Steiners Tod konfrontiert waren. Das Buch von Kiersch sollte Pflichtlektüre aller Hochschulmitglieder und Anlass für sehr ernste gemeinsame Überlegungen über die Zukunft der Hochschule sein.

Der Aufgabenbereich der allgemeinen anthroposophischen Sektion ist das Gesamtwerk Steiners, keineswegs nur die Klassentexte. Das ist die grundlegende Einsicht, auf die es ankommt. Es geht mit anderen Worten darum, alles, was von Rudolf Steiner vorliegt, in der Rezeption auf die Ebene der Hochschule zu heben, und zwar durch eine Arbeitsmethode, die der Bewusstseinsseele angemessen ist und die auf den 'ideellen Abglanz' abzielt, von dem Rudolf Steiner in der dritten Klassenstunde gesprochen hat. Steiner hat insbesondere alle seine Vorträge in die 'Obhut' der Hochschule gegeben; diese Situation ist keine Formalität, sondern enthält eine unbedingt ernstzunehmende Verpflichtung. Die Obhut ist eine ideell-geistige, keine rechtliche Verantwortung.

Das Wesen der Hochschule und die Berücksichtigung des erwähnten Traditionszusammenhanges müssen zu verbindlichen Anforderungen an eine allgemeine Hochschularbeit führen. Leiste hat hierzu eindringliche Überlegungen angestellt und solche Anforderungen in seinen Büchern benannt:

- Das intuitive Denken im Sinne der *Philosophie der Freiheit* als klare Erfahrungsgrundlage;

- Ausbildung eines geistigen Tastorgans nach dem Buche *Von Seelenrätseln* (GA 21) für geistige Spannungsverhältnisse und Widersprüche;
- Ausbildung einer Kultur des Fragens statt des Antwortens;
- Einbezug der moralischen Phantasie in einem auch auf das Erkenntnisgebiet erweiterten Sinne als das Ur-Element.

Leistes Ausführungen enthalten kaum praktische Angaben, was sich aus der von ihm damals bevorzugten Vortragsmethode leicht erklärt. Bei den Zuhörern kam es auf ein verstehendes und auch emotionales Mitschaffen an, das auch zu gewissen Entschlüssen führen konnte, aber nicht auf das schöpferische Bilden und Gestalten; dieses blieb dem Vortragenden selbst vorbehalten.

Das Gespräch in der Hochschule
Das Forschungsgespräch ist die sachgerechte, allein erfolgversprechende, hochschulgemäße, wesenseigene Arbeitsweise. Es ist die Urgestalt der allgemein-anthroposophischen Hochschularbeit und löst die früher übliche Vortragsform ab. Vom anthroposophischen Forschungsgespräch aus lassen sich alle sekundären Methoden (Lehrveranstaltungen, Lesungen, Kolloquien usw.) begründen oder auch nicht begründen.[8] Forschung ist Hochschulaufgabe, die Anthroposophische Gesellschaft fördert diese Forschung.

Der Alte mit der Lampe spricht: „Ein Einzelner nützt nicht, sondern wer sich mit vielen zur rechten Stunde vereinigt." Auf das Forschungsgespräch bezogen bedeutet das, dass das Studium der Geisteswissenschaft zwar dem einzelnen Schüler obliegt und vielleicht auch zu einer Studiengemeinschaft führt, dass aber die Forschungsarbeit der Hochschule von vorneherein zur Gemeinschaftsbildung drängt und dadurch einen qualitativen Sprung ermöglicht. Das Forschungs- und Erkenntnisgespräch auf Hochschulart stützt sich auf die Macht des Wortes, des gesprochenen Wortes. Das Wort ist nicht nur das Kommunikationsmittel zwischen inkarnierten Menschen, der Logos spricht schon seit dem Anbeginn der Welt. Das gesprochene Wort richtet sich immer an eine Person, womit die Urzelle der Gesprächsgemeinschaft entsteht. Die Arbeit am gemeinsamen Logos im Forschungsgespräch ist für die Hochschule ein Ausgleich für den Verlust des Geisteslehrers. Diesem Zusammenhang wohnt eine gewisse Notwendigkeit inne.

Das Gespräch zwischen Menschen ist von einer machtvollen Dialektik geprägt, die sich im Forschungsgespräch der Hochschule idealiter in jeder Phase in paradoxen Gegensatzpaaren zum Ausdruck bringt. Das Gespräch ist das Urgeschehen der Gemeinschaft der Individualitäten. Das bedeutet für das gelingende Forschungsgespräch:

- Jeder Gesprächsbeitrag ist durch und durch individuell, da er aus dem frei gewollten reinen Denken stammt; er dient dem Transpersonal-Gemeinsamen des Gesprächs: Das rein Individuelle ist das Gemeinsame.

- Es ist durch wahrnehmbare auditive Vorgänge getragen, seiner Wesenheit nach aber rein gedanklicher Natur. Es ist zugleich ein tatsächlicher Vorgang, eine Handlung, die auf der Einheit von Denken und Wollen beruht.

- Es verlangt eine intensive, gewissenhafte, individuelle Vorbereitung, die aber am besten wirkt, wenn sie nicht am vorbereiteten Menschen, sondern an den anderen Teilnehmern zum Ausdruck kommt.

- Es ist ein lebendiger Organismus von Geben und Nehmen. Wer spricht, nimmt die Aufmerksamkeit der Hörer in Anspruch, aber er gibt auch; wer hört, gibt sein eigenes Ausdrucksinteresse hin zugunsten des Hörens, er verzichtet solange auf Sprechen.

- Es unterliegt keinerlei Normen, Verboten, Indices usw.; es ist völlig frei. Es unterliegt seinem eigenen Logos, dem sich die Teilnehmer frei hingeben.

Bedingungen und Erfahrungen

Man könnte glauben, ein Gespräch unter Mitgliedern über einen geisteswissenschaftlichen Text Schritt für Schritt zu führen, könne doch nicht schwer sein. Jeder Sprecher knüpft eben an seinen Vorredner an, dann kommt das Gespräch ganz von selbst zustande. Diese Annahme erweist sich rasch als naiver Irrtum. Es ist tatsächlich bestürzend schwer, ein der Hochschulidee gemäßes Gespräch zu führen. Gleichwohl ist Gesprächsfähigkeit eine anthropologische Veranlagung. Der werdende Mensch wächst im Gespräch, an seinen Unzulänglichkeiten vertieft sich seine Selbsterkenntnis.[9]

In einem Forschungsgespräch der Hochschule werden Gedanken ausgetauscht, nicht nur Worte. Die wechselseitig vermittelten Gedankeninhalte werden aktuell hervorgebracht, also aktuell auch verantwortet, wodurch sich das Denkbewusstsein des Gesprächskreises bildet. Das Gespräch ist gegenseitige Hilfeleistung auf der Grundlage gegenseitiger Anerkennung. Nicht auf schnelle Übereinstimmung bei bekannten und eingeschliffenen Überzeugungskomplexen kommt es an im Schatten von Worten und Aussagestücken, sondern auf die ergebnisoffene Fragehaltung.

Das Gespräch ist dem Bildevorgang geschuldet, nicht den Inhalten. Es ist eine in jedem Augenblick entstehende Wesenheit, nicht die Kumulation der einzelnen Redebeiträge. Die im Gespräch auftretenden Fragen sind prinzipiell an die geistige Welt gerichtet. Das Gespräch ist spontan und dennoch durch den jederzeit bewussten Gesprächsverlauf immanent diszipliniert; es ist situativ aufnehmend, hörend, lauschend; individuell, aber nicht egoistisch; gemeinsam verantwortet, nicht geschwätzig; nicht behauptend, sondern erwägend und rückfragend.

Das Gespräch sollte nicht zur Diskussion mit Rede und Widerrede werden, denn es kommt auf die Integrierbarkeit jedes Beitrags in den Gesprächsverlauf an. Jeder Gesprächsteilnehmer bringt die Besonderheiten seines Selbsterlebens mit. Auch hier kommt es auf Integrierbarkeit an, wodurch sich eine Sublimierung des Persönlichen ergeben kann. Während des Gesprächs macht sich nicht nur die Alltagsperson jedes Teilnehmers bemerkbar, sondern auch die aus der Gruppendynamik bekannten Kollektivgesetze spielen herein. Jeder Teilnehmer hat Gelegenheit, seine eigenen Befangenheiten zu bemerken.

Es ist möglich, dass gerade erfahrene Anthroposophen mit einem staunenswerten Überblick über das Werk Rudolf Steiners Schwierigkeiten mit einem Gespräch unter Gleichen haben. Gesprächsschädlich ist in diesem Zusammenhang, einen von Rudolf Steiner sorgfältig geformten, vielfach überarbeiteten Text mit Vortragsstellen zu konfrontieren, die zu ganz anderer Zeit, vor anderem Publikum und unter anderen Gesichtspunkten entstanden sind. Im Forschungsgespräch wird die Werkentwicklung selbst Gesprächsinhalt. Das nötige intime Gespür für die höchsteigene, von Minute zu Minute wechselnde Wesenheit des Gesprächs ist stets bedroht und kann rasch verloren gehen.

Kein Mitglied der Anthroposophischen Gesellschaft hat besondere Verpflichtungen zu beachten. An den Problemen eines Forschungsgesprächs zeigt sich, dass die sonst angenehme Beliebigkeit aufhört, wenn Menschen an einer Hochschularbeit teilnehmen wollen. Das Niveau eines Forschungsgesprächs kann nur selten beständig gehalten werden; das Gespräch ist Hochschule 'in progress'.

Rudolf Steiner hat deutlich gemacht, dass gemeinsame Arbeit an geisteswissenschaftlichen Inhalten dazu führt, dass sich karmische Verbindungen bilden.[10] Kann jeder Teilnehmer eines Forschungssgesprächs dies akzeptieren? In einem Vortrag vom 30.1.1924 spricht Rudolf Steiner von dem zu beachtenden 'Prinzip des Zusammenhaltens in der Gesinnung'.[11] Diese Dimension einer anthroposophischen Hochschularbeit kann angstauslösend sein, wenn manche Teilnehmer mit anderen Teilnehmern gar nichts weiter zu tun haben wollen. Günstigenfalls können während eines Gesprächs wie gnadevoll Einsichten auftreten, von denen der jeweilige Einzelne weiß, dass sie ohne die Gruppe nicht möglich gewesen wären.

Perspektiven
In einem Vortrag, den Manfred Schmidt-Brabant zur Eröffnung der Michaelitagung 1995 am Goetheanum gehalten hat, befasste er sich mit den Aufgaben der allgemeinen anthroposophischen Sektion der Hochschule und fragte u. a.: „Muss nicht eigentlich das ganze Allgemein Anthroposophische in dieser Sektion auf Hochschulart gepflegt werden? [...] Wie sieht der Inhalt beispielsweise der *Geheimwissenschaft* aus, [...] wenn er innerhalb der Hochschule unter den ganz anderen Forderungen, die hier gestellt werden, bearbeitet wird?"

Aus diesen Worten des einstigen Vorsitzenden ergibt sich ganz unmittelbar die Frage nach der Arbeitsweise 'auf Hochschulart'. Auf diese Frage ist mit der Einrichtung von Forschungsgesprächen einzugehen. Die Führung von solchen Gesprächen ist eindeutig möglich, aber, wie angedeutet, außerordentlich schwer. Die Gesprächsmerkmale sind zwar ohne Weiteres verständlich, ihre Umsetzung stößt aber auf erhebliche, vorwiegend persönliche Schwierigkeiten. Es ist, als versuche ein Schatten des Vergessens sich über die im Raum anwesenden Menschen zu legen.

Wenn eine Gesprächsarbeit aber erfolgreich verläuft, so ist das Ergebnis eine beglückende Erfahrung der Gegenwart des Geistes.

Die Erlangung einer Einsicht in den vollen Ernst anthroposophischer Forschungsgespräche wird unterstützt durch eine Reihe ergänzender Sichtweisen:

- In dem Vortrag in Berlin am 17. Juni 1909 (GA 107) werden die Ergebnisse geistiger Arbeit am Wahren, Guten und Schönen als Schöpfungen aus dem Nichts charakterisiert, Schöpfungen, die ohne menschliches Bemühen einfach entfallen wären, so auch die Ergebnisse der Gesprächsarbeit.

- In dem Vortrag in Stuttgart am 13. November 1909 (GA 117) wird die Erkenntnisarbeit an der Geisteswissenschaft als unabdingbar für den Fortgang der geistigen Welt dargestellt. Die begrifflichen Intuitionen sind elementares Hellsehen.

- In dem Vortrag in Düsseldorf am 15. Juni 1915 (GA 159/160) blickt Rudolf Steiner auf die anthroposophische Gesellschaftsarbeit, in der die Christuskraft wirkt, damit sich Geistwesen in die Gemeinschaft senken können.

- In dem Vortrag in Dornach am 30. August 1915 (GA 163) zeigt Steiner, dass zu dem aus der Vergangenheit hereinragenden Notwendigen das vom Menschen kontingent, d. h. ohne äußere Veranlassung Hinzugeschaffene kommt. Auf der Grundlage des Notwendigen entsteht durch das Gesprächsgeschehen unberechenbar Neues.

- In dem Vortrag in Den Haag am 10. April 1922 (GA 82) über die anthroposophische Forschungsmethode zeigt Steiner, dass in den Vorgängen der moralischen Intuition und Phantasie die Anfänge auch der höheren Erkenntnisarten aufzufinden sind. Diese Vortragsstelle kann in Bezug gesetzt werden zu Steiners Ausführungen über 'Ausdrucksmittel' für Imaginationen, Inspirationen und Intuitionen. Damit hat Steiner einsichtig gemacht, dass das nicht-hellseherische Bewusstsein sehr wohl in der Lage ist, die Ausdrucksmittel für höhere Erkenntniswege ideell-geistig, phantasiegetragen zu verstehen.

Diese Hinweise Rudolf Steiners sind unmittelbar auf die Situationen von Forschungsgesprächen zu beziehen, ja, ihre

Bedeutung erschließt sich erst unter diesen Gesichtspunkten.[12]

Auf einen Höhepunkt der Darstellung brachte Rudolf Steiner das Problem der Gemeinschaftsbildung und Gesprächsarbeit mitten in der existenziellen Krise der Anthroposophischen Gesellschaft, als es um deren Fortbestand ging, im Februar 1923, zwei Monate nach dem Brand des Ersten Goetheanums. In dem Vortrag vom 27. Februar entwickelt Steiner den Begriff des 'umgekehrten Kultus'.[13]

Die Vorträge zur Gemeinschaftsbildung wurden nach dem Erscheinen in der Gesamtausgabe Mitte der Sechzigerjahre – über vierzig Jahre nach ihrer Entstehung – in der Anthroposophischen Gesellschaft stark beachtet. Es ging mit den – später in Dornach wiederholten – Vorträgen dann aber genauso wie mit den 'Briefen an die Mitglieder', die durch Einzelausgaben schon früher bekannt waren (GA 260 a). Man redete angelegentlich über die Texte und behandelte sie wie Beschreibungen der vorhandenen kontinuierlichen anthroposophischen Arbeit. Die Frage, welche Vorkehrungen, inneren Verrichtungen, Bemühungen, Einrichtungen es erfordern würde, um die geistige Situation eines 'umgekehrten' Kultverlaufes von unten nach oben herbeizuführen, wurde nicht gestellt und daher auch nicht beantwortet. Die Idee des umgekehrten Kultus wurde gesellschaftlich vereinnahmt und zugunsten des gesellschaftlichen Selbstbewusstseins hochgehalten, ungut verschärft durch Abhebung von den traditionellen Kultformen in den Kirchen.

Auf dem Hintergrund der Betrachtung über das Spezifische des *erquicklichen* Gesprächs lässt sich ohne Weiteres durchschauen, dass der umgekehrte Kultus die Arbeitsweise der Hochschule beschreibt. Das Forschungsgespräch ist veranlagt zum umgekehrten Kultus, es hat wirklich den Charakter eines Kultus mit wechselndem Inhalt und experimentellem Verlauf. Geisteswissenschaftliche Forschung erzwingt keine Ergebnisse, sondern fordert geduldiges Warten auf die rechte Stunde, worauf der Alte mit der Lampe hingewiesen hat. Wer sich mit Gleichgesinnten vereint, kann, wenn jeder seines Amtes waltet, bei gehöriger Aufmerksamkeit das Erquickliche des Gesprächs selbst erfahren als Geistesgegenwart im Kultus von unten nach oben. Damit sich eine Erfahrung einstellt, ist freilich bei den Gesprächsteilnehmern ein Mindestmaß an Umgang mit den von Rudolf Steiner beschriebenen sogenannten Nebenübungen erforderlich, die Kohärenz des Denkens und des Wollens, Ausdauer, Toleranz und Unbefangenheit.[14]

Das Problem der allgemein-anthroposophischen Hochschularbeit ist von hohem geistigem Rang. Es ist identisch mit der Frage, wie konkret mit der geistigen Welt zusammengearbeitet werden kann. Deshalb seien Worte Rudolf Steiners aus einem Vortrag, den er vor 95 Jahren in Straßburg gehalten hat, an den Schluss gestellt:

> „Begriffe und Ideen von der übersinnlichen Welt können nur auf der Erde entstehen und strahlen von dort wie ein Licht auf die geistige Welt aus. Daraus versteht man so recht die Bedeutung der Erde. Sie ist nicht bloß eine Durchgangstufe oder ein Jammertal, sondern sie ist da, damit hier ein geistiges Wesen entwickelt werden kann, das dann hinauf getragen werden kann in die geistigen Welten."[15]

Anmerkungen zum Anhang

1) Selbstverlag, 1970.
2) A.a.O., S. 48.
3) Kohelet 3,1.
4) Goethe: *Märchen*. Hg. Katharina Mommsen, Frankfurt (Insel-Tb) 1998, S. 216.
5) Hinsichtlich der Klassifizierung von Gesprächen nach Absichten und Zielen vgl. Bernhard Lievegoed: *Dem 21. Jahrhundert entgegen*. Selbstverlag 1965; Heinz Zimmermann: *Sprechen, Zuhören, Verstehen*. Stuttgart 1991.
6) Vgl. Rudolf Steiner: *Die Philosophie der Freiheit* (GA 4): „Im intuitiv erlebten Denken ist der Mensch in eine geistige Welt auch als Wahrnehmender versetzt."
7) Rudolf Steiner: *Die Konstitution der Allgemeinen Anthroposophischen Gesellschaft [...]* (GA 260a).
8) Der Dialog und das Forschungsgespräch dürften schon in der Akademie Platons in Athen gepflegt worden sein.
9) Eine Hilfe für die Gesprächsführung bietet ein kurzer Text von Marjorie Spock: *Das meditative Gespräch*. Freiburg 1997.
10) Rudolf Steiner: *Anthroposophische Gemeinschaftsbildung* (GA 257), Vortrag vom 27.2.1923.
11) Rudolf Steiner: *Die Konstitution der Allgemeinen Anthroposophischen Gesellschaft [...]* (GA 260a), S. 127.
12) Valentin Tomberg schreibt in dem Aufsatz 'Sinn und Bedeutung einer freien anthroposophischen Arbeitsgruppe' (Januar 1938) von einer durch die Gruppe gebildeten Vertikalen zur geistigen Welt, die das 'Rückgrat' der anthroposophischen Bewegung bilde. Valentin Tomberg: *Aufsätze 1930-1938*. Taisersdorf 2002.
13) Rudolf Steiner: *Anthroposophische Gemeinschaftsbildung* (GA 257). Es handelt sich um den ersten der beiden sogenannten Delegiertenvorträge von Stuttgart.

14) Rudolf Steiner: *Wie erlangt man Erkenntnisse der höheren Welten?* (GA 10), 6. Abschnitt, S. 172 ff.
15) Rudolf Steiner: *Okkulte Untersuchungen über das Leben zwischen Tod und neuer Geburt* (GA 140), Vortrag vom 13.5.1913.

Dieser Beitrag erschien in zuerst in der Zeitschrift *'Anthroposophie'*, Johanni 2009.

REIHE GEISTESWISSENSCHAFT

Günter Röschert

Die Esoterik der moralischen Phantasie

143 Seiten, softcover
ISBN 978-3-941664-35-7

Der Begriff der moralischen Phantasie ist der Fachwelt, soweit sie ihn überhaupt wahrgenommen hat, rätselhaft geblieben, und auch mit der praktischen Verwirklichung in aufzeigbaren Fallgestaltungen steht es nicht zum Besten. Was ist das Wesen der moralischen Phantasie? Hat sie, als Fähigkeit betrachtet, eine esoterische Seite, und wenn ja, worin besteht diese?

Röscherts Buch nennt Gesichtspunkte für die Wertung der moralischen Phantasie. Folgende Themen werden behandelt:

- Die Entwicklung der moralischen Phantasie in Rudolf Steiners *Philosophie der Freiheit*
- Die Vertiefung der moralischen Phantasie im Vortragswerk Rudolf Steiners
- Die Perspektiven der moralischen Phantasie für die Zukunft
- Der Papst und die Aufklärung
- Die Esoterik der moralischen Phantasie
- Der ethische Individualismus als Ideal
- Lebensweg und Geistesschulung – Von der initiatorischen Lebensführung.

Novalis Verlag

24972 Steinbergkirche - Neukirchen

www.novalisverlag.de

Verehrte Leserin, verehrter Leser,

als Verlag würden wir uns freuen, wenn Sie uns Ihre Meinung, Ihre Fragen oder Einwände zu diesem Buch mitteilen wollten.
Falls es zu einer Folgepublikation kommen sollte, würde Ihre Meinung selbstverständlich nur anonymisiert erwähnt werden.

Mit freundlichem Gruß
Dr. Michael Frensch
Novalis Verlag
D- 24972 Steinbergkirche - Neukirchen
E-Mail: frensch@novalisverlag.de
Fax: 04632-875 488